女孩们 的 韩语课

翁家祥 著

北京理工大学出版社
BEIJING INSTITUTE OF TECHNOLOGY PRESS

使用说明 사용설명

女孩们,一起边玩边学韩语吧!

最实用的潮流韩语:

 到韩国,一定要掌握交通信息,乘公交、坐高铁都没问题!

 无论是住旅馆还是民宿,都可以用韩语轻松表达需求!

Part 1. 韩语基础发音语法

① 字母与发音规则

首先要学习的是韩语字母,并了解辅音与元音的发音方式和发音规则。通过单词范例,必能快速、有效地学会。

② 韩语语法轻松学

接下来,还要了解基本的韩语语法,包括四大用言、格式体与非格式体、助词,以及敬语与非敬语。

Part 2. 在韩国的衣食住行

③ 超实用情境会话

情境对话以珍妮弗、静怡、美美三位喜欢韩国的女孩为主角,模拟在韩国旅游时,常常会出现的各类情境。通过极富临场感的实境对话,带你学会说韩语。

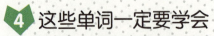

④ 这些单词一定要学会

各单元依主题介绍相关常用词汇。把这些单词都记起来,可以套用在会话中活用练习,以后去韩国时,必定能派上用场!

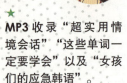

MP3 收录"超实用情境会话""这些单词一定要学会"以及"女孩们的应急韩语"。

★ 本书附赠音频为 MP3 格式。

美食 韩国有很多特色小吃，石锅拌饭、海鲜葱饼，都来一份吧！

 美容 去美妆店选购适合自己肤质的保养品，一定要变得美美的！

 血拼 明洞、东大门、南大门，都是女孩们必逛的地方！

 娱乐 你最喜欢哪位韩星？一起去听他的演唱会吧！Let's Go！

 玩耍 爱玩的你，千万别错过有"韩国迪士尼"之称的爱宝乐园。

5 女孩们的韩语语法笔记

学完会话和单词之后，再多学一点语法。书中以分点介绍的方式，列出各单元的语法重点，并附上例句，让你的韩语更加精进。

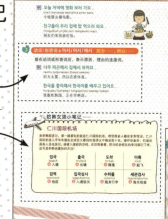

6 小提醒与小笔记

书中随机穿插的"观光小常识""温馨小提醒"以及"哈韩女孩小笔记"等内容，告诉你一些与韩国文化相关的知识。

7 女孩们的应急韩语

各章最后都附上女孩们在韩国一定会用到的实用单句会话，包括"交通篇""住宿篇""餐饮篇""美容篇""购物篇""娱乐篇"及"乐园篇"。

番外篇．哈韩女孩一定要知道的事

8 韩国与中国大不同

中国与韩国其实有许多不同的生活习惯与文化背景。女孩们在学韩语的同时，也要试着"入境随俗"。了解韩国人的习俗，才能更自在地畅游韩国。

9 女孩们在韩国

如果你是个爱玩又有生意头脑的女孩，或许会想从东大门带一些漂亮的衣服回来做点小生意。不过，有许多细节需要注意。另外，也要学会一些被搭讪或面对紧急状况的应对用语。

目录 목차

Part 1
韩语基础发音与语法

Chapter 1
韩语字母与元音发音规则

Unit1. 韩语字母介绍 5

Unit2. 单元音介绍 10

Unit3. 双元音介绍 12

Chapter 2
辅音发音规则

Unit1. 唇音与舌音 17

Unit2. 齿音、牙音与喉音 19

Unit3. 七种代表性收音 22

Unit4. 变音规则 23

Chapter 3
韩语语法轻松学

Unit1. 四大用言基本文法观念 27

Unit2. 格式体与非格式体　28

Unit3. 韩语中的助词　31

Unit4. 敬语与非敬语　33

Part 2
在韩国的衣食住行

Chapter 4
女孩们在韩国—交通篇

Unit1. 我是和朋友来韩国旅行的　39

Unit2. 请问到北村韩屋村怎么走?　43

Unit3. 搭出租车坐缆车游 N 首尔塔　46

Unit4. 国道客运还有位子吗?　49

Unit5. 买 KTX 三日券去釜山一游　53

〔女孩们的应急韩语〕交通篇　56

Chapter 5
女孩们在韩国—住宿篇

Unit1. 请问还有三人间吗?　63

Unit2. 冰箱内的饮料可以喝吗?　67

Unit3. 洗衣机该如何使用?　70

Unit4. 马桶坏了,请来修理　72

〔女孩们的应急韩语〕住宿篇　75

Chapter 6
女孩们的美食盛宴—餐饮篇

Unit1. 请推荐好吃的韩国国民小吃　　　　　83

Unit2. 请打包一份蔬菜拌饭　　　　　　　　85

Unit3. 鱿鱼盖饭请不要太辣　　　　　　　　87

Unit4. 韩式炸鸡加啤酒　　　　　　　　　　90

〔女孩们的应急韩语〕餐饮篇　　　　　　　94

Chapter 7
女孩们的美丽盛宴—美容篇

Unit1. 你是哪种肤质的女孩？　　　　　　　101

Unit2. 过敏皮肤怎么办？　　　　　　　　　104

Unit3. 折扣与赠品　　　　　　　　　　　　109

Unit4. 询问新品　　　　　　　　　　　　　112

Unit5. 韩国美女都整过容吗？　　　　　　　117

Unit6. 做个林允儿的发型吧！　　　　　　　121

Unit7. 让指甲闪闪发亮吧！　　　　　　　　124

Unit8. 去汗蒸幕蒸气房蒸一蒸　　　　　　　127

〔女孩们的应急韩语〕美容篇　　　　　　　130

Chapter 8
女孩们在韩国—购物篇

Unit1. 现在最流行哪一款牛仔裤？　　　　　137

Unit2. 可以算便宜一点吗？　　　　　　　　140

Unit3. 我们钱不够，下次再来 142

Unit4. 这包打折吗？ 145

Unit5. 有什么颜色的款式呢？ 148

Unit6. 袖子太长了，请帮忙修改 151

Unit7. 有什么赠品兑换活动吗？ 153

〔女孩们的应急韩语〕购物篇 155

Chapter 9
女孩们的娱乐盛宴—娱乐篇

Unit1. 追星看演唱会 163

Unit2. 去看音乐剧 168

Unit3. 去过韩国夜店吗？ 172

Unit4. 可以跟你聊聊天吗？ 175

Unit5. 在练歌房飙歌真有意思！ 177

〔女孩们的应急韩语〕娱乐篇 180

Chapter 10
女孩们游爱宝乐园—乐园篇

Unit1. 善用导游地图与观光手册 187

Unit2. 先吃个午餐补充体力 191

Unit3. 搭动物园游园车看狮子 194

Unit4. 好想喂动物！ 196

〔女孩们的应急韩语〕乐园篇 199

番外篇
哈韩女孩一定要知道的事

Unit1. 中韩文化大不同！ 207
Unit2. 搭讪与被搭讪 211
Unit3. 代购做点小生意 212
Unit4. 紧急状况的应对用语 213

Chapter 1
韩语字母与元音发音规则

Unit1　韩语字母介绍

Unit2　单元音介绍

Unit3　双元音介绍

在韩语—한글（Hangeul）尚未发明以前，朝鲜半岛长久以来一直使用由中国传过去的汉字，不过由于汉字的笔画烦琐，当时只有贵族可以学习，而大多数的市井小民根本无法学习，因此造成了生活上的诸多不便。

　　朝鲜王朝第四代国王世宗大王鉴于文字对人民的重要性，特别召集大臣与学者们依照中国象形字的天、地、人以及音韵学等原理，创建了一套由多个字母构成的文字系统，称为"训民正音"—훈민정음（Hunminjeongeum），意思即为"教导人民正确的发音"，演变到现在，就成为韩语字母—한글（Hangeul）。

韩语字母介绍

韩语属于阿尔泰语系，韩语字母是表音文字，一共分为**辅音**与**元音**两大类，每个字母都有一个固定的发音，**辅音加上元音组合时，以元音当基本音来发音，辅音则是依照齿、唇、喉等部位来发出声音**。元音共分为十个单元音与十一个双元音；辅音包括十四个单辅音与五个双辅音。

单元音

ㅏ	ㅑ	ㅓ	ㅕ	ㅗ
a	ya	eo	yeo	o
ㅛ	ㅜ	ㅠ	ㅡ	ㅣ
yo	u	yu	eu	i

双元音

ㅔ	ㅐ	ㅖ	ㅒ	ㅚ	ㅙ
e	ae	ye	yae	oe	wae
ㅞ	ㅘ	ㅝ	ㅟ	ㅢ	
we	wa	wo	wi	ui / e / i	

★ MP3 收录字母的读音与发音。

单辅音

ㄱ	ㄴ	ㄷ	ㄹ	ㅁ	ㅂ	ㅅ
k / g	n	t / d	r / l	m	p / b	s
ㅇ	ㅈ	ㅊ	ㅋ	ㅌ	ㅍ	ㅎ
	j	ch	kk	tt	pp	h

★ MP3 收录字母的读音与发音。

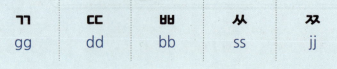

★ MP3 收录字母的读音与发音。

韩语是<u>由辅音加上元音所构成的</u>，形状很像积木排列，书写方式采用横式，跟中文一样<u>由左至右、由上至下</u>。辅音为初声，元音为中声，<u>收音（或称终声）一定为辅音</u>。发音方式是将字母组合起来念，其实就跟我们中文的拼音一样，只是韩语每个字母都有不同的发音，但是中文则是一个字一个音。

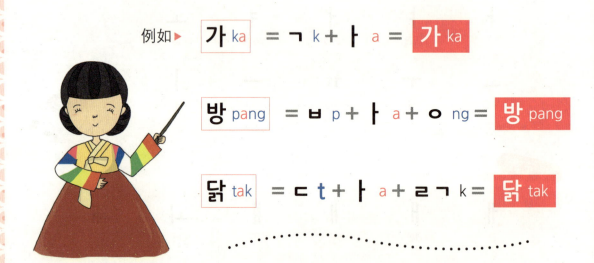

单元音一共有十个，分为垂直元音与水平元音两种。<u>垂直元音</u>顾名思义，就是书写时，笔画直直地垂直写下来；<u>水平元音</u>则是笔画像水平线一样横向伸展开来。<u>辅音加上元音书写时，如果遇到的是垂直元音，辅音就写在左边；若是遇到水平元音，辅音则写在上面。</u>

韩语基本字母与罗马拼音对照表

	ㅏ a	ㅑ ya	ㅓ eo	ㅕ yeo	ㅗ o	ㅛ yo	ㅜ u	ㅠ yu	ㅡ eu	ㅣ i
ㄱ k/g	가 ka/ga	갸 kya/gya	거 keo/geo	겨 kyeo/gyeo	고 ko/go	교 kyo/gyo	구 ku/gu	규 kyu/gyu	그 keu/geu	기 ki/gi
ㄴ n	나 na	냐 nya	너 neo	녀 nyeo	노 no	뇨 nyo	누 nu	뉴 nyu	느 neu	니 ni
ㄷ t/d	다 ta/da	댜 tya/dya	더 teo/deo	뎌 tyeo/dyeo	도 to/do	됴 tyo/dyo	두 tu/du	듀 tyu/dyu	드 teu/deu	디 ti/di
ㄹ r/l	라 ra/la	랴 rya/lya	러 reo/leo	려 ryeo/lyeo	로 ro/lo	료 ryo/lyo	루 ru/lu	류 ryu/lyu	르 reu/leu	리 ri/li
ㅁ m	마 ma	먀 mya	머 meo	며 myeo	모 mo	묘 myo	무 mu	뮤 myu	므 meu	미 mi
ㅂ p/b	바 pa/ba	뱌 pya/bya	버 peo/beo	벼 pyeo/byeo	보 po/bo	뵤 pyo/byo	부 pu/bu	뷰 pyu/byu	브 peu/beu	비 pi/bi
ㅅ s	사 sa	샤 sya	서 seo	셔 syeo	소 so	쇼 syo	수 su	슈 syu	스 seu	시 si

ㄴ（n） + ㅏ（a） = 나 我
na

ㅋ（kk） + ㅗ（o） = 코 鼻
kko

	ㅏ a	ㅑ ya	ㅓ eo	ㅕ yeo	ㅗ o	ㅛ yo	ㅜ u	ㅠ yu	ㅡ eu	ㅣ i
ㅇ x	아 a	야 ya	어 eo	여 yeo	오 o	요 yo	우 u	유 yu	으 eu	이 i
ㅈ j	자 ja	쟈 jya	저 jeo	져 jyeo	조 jo	죠 jyo	주 ju	쥬 jyu	즈 jeu	지 ji
ㅊ ch	차 cha	챠 chya	처 cheo	쳐 chyeo	초 cho	쵸 chyo	추 chu	츄 chyu	츠 cheu	치 chi
ㅋ kk	카 kka	캬 kkya	커 kkeo	켜 kkyeo	코 kko	쿄 kkyo	쿠 kku	큐 kkyu	크 kkeu	키 kki
ㅌ tt	타 tta	탸 ttya	터 tteo	텨 ttyeo	토 tto	툐 ttyo	투 ttu	튜 ttyu	트 tteu	티 tti
ㅍ pp	파 ppa	퍄 ppya	퍼 ppeo	펴 ppyeo	포 ppo	표 ppyo	푸 ppu	퓨 ppyu	프 ppeu	피 ppi
ㅎ h	하 ha	햐 hya	허 heo	혀 hyeo	호 ho	효 hyo	후 hu	휴 hyu	흐 heu	히 hi

ㅊ ch + ㅏ a = 차 车、茶
cha

ㅍ pp + ㅛ yo = 표 票
ppyo

韩语按词汇来分类，可分为汉字词、固有词及外来词三大种类。因为受到中国的影响很大，其中汉字词最多，占了所有韩语词汇的百分之七十以上；固有词是韩国本来就存在的词汇；外来词则是来自英语等的外来词汇。除了上述三者之外，也有混合词，也就是综合上述三种词汇的类型。

Chapter 1

汉字词

책 chaek 书（册）	학교 hakggyo 学校	요리 yori 料理
운동 undong 运动	영어 yeongeo 英语	공원 kongwon 公园

固有词

새해 saehae 新年	바지 paji 裤子	거리 keori 街道	신발 sinbal 鞋	바보 pabo 傻瓜	비빔밥 pibimbbap 拌饭

外来词

노트북 notteubuk 笔记本电脑 (notebook)	뉴스 nyuseu 新闻 (news)	핸드폰 haendeuppon 手机 (handphone)	키 kki 钥匙 (key)
버거 peogeo 汉堡 (burger)	주스 juseu 果汁 (juice)	아이스크림 aiseukkeurim 冰激凌 (ice cream)	팬 ppaen 粉丝 (fan)

混合词

그림책 keurimchaek 图画册	생크림 saengkkeurim 鲜奶油	쓰레기통 sseuregittong 垃圾桶

单元音介绍

单元音 共有十个，分别是ㅏ、ㅑ、ㅓ、ㅕ、ㅗ、ㅛ、ㅜ、ㅠ、ㅡ、ㅣ。

ㅏ	ㅑ	ㅓ	ㅕ	ㅗ
a	ya	eo	yeo	o

ㅏ 发音时，嘴巴尽量张开些，发出类似汉语拼音"a"。

ㅑ 发音时，嘴巴同样张开些，发出类似汉语拼音"ya"。

ㅓ 发音时，舌头后部稍抬起，嘴巴微张开，不要成圆形，类似"eo"的音。

ㅕ 发音时，嘴巴微张开，发出类似汉语拼音"yeo"的音。

ㅗ 发音时，嘴巴稍张开做圆圈状，舌后部抬起，双唇向前扶成圆形，发类似拼音"o"的音出去。

特别提醒
1. ㅓ(eo)与ㅗ(o)的发音很相像，嘴型一定要确实做出来。ㅓ(eo)的嘴型比较小，有点松的；ㅗ(o)的嘴型要先做圆圈状再发音。
2. 辅音ㅇ在初声时不发音，不过如果当收尾音时，会发ng。

单词发音练习

아버지	아기	야수	야외	어머니
abeoji	agi	yasu	yaoe	eomeoni
爸爸	婴儿	野兽	野外	妈妈

어디	여우	여기	오이	오디오
eodi	yeou	yeogi	oi	odio
哪里	狐狸	这里	小黄瓜	音响

ㅛ	ㅜ	ㅠ	ㅡ	ㅣ
yo	u	yu	eu	i

ㅛ 发音时，嘴唇噘成圆形，发出类似拼音"you"的音。

ㅜ 发音时，双唇向前拢成圆形，发出类似拼音"u"的音。

ㅠ 发音时，嘴唇噘成圆形，发出类似英语"u"的音。

ㅡ 发音时，嘴型要拉成直线，发出类似英语"eu"的音。

ㅣ 发音时，嘴型往左右两边往下拉，发出类似拼音"yi"的音。

单词发音练习

요가 yoga 瑜伽

묘리 myori 妙理

주스 juseu 果汁

우유 uyu 牛奶

유교 yugyo 儒教

유자차 yujacha 柚子茶

드라이어 teuraieo 吹风机

스스로 seuseuro 亲身

이유 iyu 理由

피아노 ppiano 钢琴

双元音介绍

双元音 是由两个单元音所合成的，共有十一个，包括ㅔ、ㅖ、ㅐ、ㅒ、ㅚ、ㅙ、ㅞ、ㅘ、ㅝ、ㅟ、ㅢ。

ㅔ	ㅖ	ㅐ	ㅒ	ㅚ	ㅙ
e	ye	ae	yae	oe	wae

ㅔ = ㅓ + ㅣ	发音时，嘴唇微开，发出类似拼音"e"的音。
ㅖ = ㅕ + ㅣ	发音时，嘴唇微开，发出类似拼音"ye"的音。
ㅐ = ㅏ + ㅣ	发音时，嘴唇往两边拉开，发出类似拼音"ei"的音。
ㅒ = ㅑ + ㅣ	发音时，嘴唇往两边拉开，发出类似拼音"yae"的音。
ㅚ = ㅗ + ㅣ	发音时，嘴唇噘起，轻发出类似中文"威"的音。
ㅙ = ㅗ + ㅐ	发音时，嘴唇向两侧拉开，发出类似中文"喂"的音。

特别提醒 ㅖ(ye)若加了ㄱ等其他辅音，发音会念成ㅔ(e)的音，例：세계(sege)世界。

单词发音练习

네	메모리	예	시계	애수	재미
ne	memori	ye	sige	aesu	jaemi
是	记忆体	是	时钟	哀愁	兴趣

얘기	얘	외투	뇌	왜	어깨
yaegi	yae	oettu	noe	wae	eoggae
话	这小孩	外套	脑	为何	肩膀

ㅞ	ㅘ	ㅝ	ㅟ	ㅢ
we	wa	wo	wi	ui / e / i

ㅞ = ㅜ + ㅔ 发音时，嘴唇微开，发出类似中文"威"的音。

ㅘ = ㅗ + ㅏ 发音时，嘴唇微开，发出类似中文"哇"的音。

ㅝ = ㅜ + ㅓ 发音时，嘴唇噘起，发出类似中文"窝"的音。

ㅟ = ㅜ + ㅣ 发音时，嘴唇噘起，发出类似英语"wi"的音。

ㅢ = ㅡ + ㅣ 发音时，嘴唇微开，发出类似英文"ui"的音。

特别提醒

"ㅢ"有 ui、i、e 三种不同的发音：
1. 如果出现在第一字时，就念"ui"，例：의사（uisa），医师。
2. 如果出现在第一字以外时，就念"i"，例：의의（uii），意义。
3. 如果出现在当所有格"……的"时，就念"e"，例：나의 책（nae chaek），我的书。

单词发音练习

웨이터	웨딩	와사비	과외	뭐
weitteo	weding	wasabi	kwaoe	mwo
服务生	婚礼	山葵	课外	什么

워터	위스키	쉬다	의자	의미
wotteo	wiseukki	swida	uija	uimi
水	威士忌	休息	椅子	意思

MEMO

Chapter 2 辅音发音规则

Unit 1 唇音与舌音

Unit 2 齿音、牙音与喉音

Unit 3 七种代表性收音

Unit 4 变音规则

韩语的辅音字母是仿照发音部位器官形状所发明的，按照发音部位大致可分为：唇、舌、齿、牙、喉音。因此在学习辅音时，最好能先清楚每个音的发音位置，再按照辅音排列顺序来念，这样不但会念得更标准，也有助于背诵。每个辅音都有一个名称，虽然很少会用得到，不过这些读音与收音息息相关，因此建议还是背下来比较好。

Unit 1 唇音与舌音

唇音 共有四个，包括 ㅁ、ㅂ、ㅍ、ㅃ； **舌音** 共有五个，包括 ㄴ、ㄷ、ㄹ、ㅌ、ㄸ。

Chapter 2

唇音	ㅁ	ㅂ	ㅍ	ㅃ
	m	p / b	pp	bb

★ MP3 收录字母的读音与发音。

字母	韩语名称与标音	发音
	미음 mieum	m
ㅂ	비읍 pieup	p / b
ㅍ	피읖 ppeup	pp
ㅃ	쌍비읍 ssangbieup	bb

特别提醒：当字母有两个发音的情形时，如果出现在第一个字开头时，就念第一个音，若是出现在第一个音以后，就念第二个音。例如：바보 (pabo) 傻瓜，第一个 ㅂ 出现时就念 p，第二个 ㅂ 则念 b。

单词发音练习

미소	머리	바다	부모
miso	meori	pada	pumo
微笑	头	海	父母

파도	아프리카	오빠	뿌리
ppado	appeurikka	obba	bburi
海浪	非洲	哥哥（女生对男生的称呼）	根

舌音	ㄴ n	ㄷ t / d	ㄹ r / l	ㅌ tt	ㄸ dd

★ MP3 收录字母的读音与发音。

字母	韩语名称与标音	发音
ㄴ	니은 neun	n
ㄷ	디귿 tigeut	t / d
ㄹ	리을 rieul	r / l
ㅌ	티읕 ttieut	tt
ㄸ	쌍디귿 ssangdigeut	dd

特别提醒: ㄹ有两个发音 r / l，如果出现在字首或字中时都发 r，如果放在收尾音时则发 l。

나라 nara 国家	나비 nabi 蝴蝶	도시 tosi 都市	다리미 tarimi 熨斗	투자 ttuja 投资
아르바이트 areubaitteu 打工	루머 rumeo 谣言	고려 koryeo 高丽	허리띠 heoriddi 腰带	뛰다 ddwida 跑、跳

齿音、牙音与喉音

 共有五个，包括 ㅅ、ㅈ、ㅊ、ㅆ、ㅉ；

 共有四个，包括 ㄱ、ㅋ、ㄲ、ㅇ； 喉音 只有一个，即 ㅎ。

齿音	ㅅ	ㅈ	ㅊ	ㅆ	ㅉ
	s	j	ch	ss	jj

★ MP3 收录字母的读音与发音。

字母	韩语名称与标音	发音
ㅅ	시옷 siot	s
ㅈ	지읒 jieut	j
ㅊ	치읓 chieut	ch
ㅆ	쌍시옷 ssangsiot	ss
ㅉ	쌍지읒 ssangjieut	jj

| 스키 seukki 滑雪 | 시도 sido 试图 | 자기 jagi 自己 | 주부 jubu 主妇 | 기차 kicha 火车 | 처리 cheori 处理 |
| 쓰레기 sseuregi 垃圾 | 싸우다 ssauda 吵架 | 가짜 kajja 赝品 | 아저씨 ajeossi 大叔 | 이쑤시개 issusigae 牙签 | 씨 ssi 氏 |

牙音	ㄱ k / g	ㅋ kk	ㄲ gg	ㅇ ( )

★ MP3 收录字母的读音与发音。

字母	韩语名称与标音	发音
ㄱ	기역 kiyeok	k/g
ㅋ	키읔 kkieuk	kk
ㄲ	쌍기역 ssanggiyeok	gg
ㅇ	이응 ieung	无

单词发音练习

거미　　　가로수　　　커피　　　크림
keomi　　karosu　　kkeoppi　　kkeurim
蜘蛛　　街道旁树　　咖啡　　奶油

까마귀　　꼬리　　어머니　　우리
kkamagwi　ggori　eomeoni　uri
乌鸦　　尾巴　　妈妈　　我们

콜라　　꿈
kkolla　ggum
可乐　　梦

喉音	ㅎ h

★ MP3 收录字母的读音与发音。

字母	韩语名称与标音	发音
ㅎ	히읗 hieut	h

 单词发音练习

하수도
hasudo
下水道

호수
hosu
湖

哈韩女孩小笔记——

熟悉所有辅音的发音部位之后,请按照顺序从头到尾念一遍。最好一边念一边拿笔写下来,这样更容易记住!

再复习一下,单辅音(基本辅音)共有十四个:

ㄱ	ㄴ	ㄷ	ㄹ	ㅁ	ㅂ	ㅅ
기역	니은	디귿	리을	미음	비읍	시옷
k / g	n	t / d	r / l	m	p / b	s
ㅇ	ㅈ	ㅊ	ㅋ	ㅌ	ㅍ	ㅎ
이응	지읒	치읓	키읔	티읕	피읖	히읗
ng	j	ch	kk	tt	pp	h

两个辅音合起来就成为双辅音,共有五个:

ㄲ	ㄸ	ㅃ	ㅆ	ㅉ
쌍기역	쌍디귿	쌍비읍	쌍시옷	쌍지읒
gg	dd	bb	ss	jj

Unit 3 七种代表性收音

韩语中最难的大概就是收音(받침)了,也就是"辅音+元音+辅音"的最后一个音。有时收音会有两个,先看是哪两个辅音结合,然后按照发音规则来决定要念哪个收音。严格来说,收音是有嘴型不发出声音来。

收音	标音	发音要领与诀窍
ㄱ ㅋ ㄲ (ㄳ ㄺ)	k	发此音时急促停顿,像英语的 k
ㄴ ㄵ ㄶ	n	舌尖抵住上颚,有点像英语的 n
ㄷ ㅌ ㅅ ㅆ ㅈ ㅊ ㅎ	t	舌根抵上颚发 t 后弹开
ㄹ (ㄺ ㄼ ㄽ ㄾ ㅀ)	l	舌根抵上颚快速发类似拼音 "r" 的音
ㅁ ㄻ	m	双唇紧闭发 m 的音
ㅂ ㅍ ㅄ ㄼ ㄿ	p	双唇紧闭发 p 的音
ㅇ	ng	由鼻腔发声,很像英语中 king、sing 中 ng 的发音

부엌	한국	닭갈비	닮다	인천공항
pueok	hanguk	takggalbi	tamdda	incheongonghang
厨房	韩国	鸡排	相像	仁川机场

돌솥비빔밥	할머니	숟가락	탕수육	한강
tolsotbbibimbbap	halmeoni	sutggarak	ttangsuyuk	hangang
石锅拌饭	奶奶	汤匙	糖醋肉	汉江

Unit 4 变音规则

学了七种代表性收音外,还要熟悉其他的变音规则,包括连音化、激音化、浓音化、鼻音化、流音化、颚音化,以及收音ㅎ脱落与弱音化。

连音化

前字的收音连结下个辅音ㅇ开头的字时,就会把收音连过去。

单词发音练习

옆에
yeoppe
【여페】
在旁边

목요일
mogyoil
【모교일】
星期四

한국어
hangugeo
【한구거】
韩语

일인분
irinbun
【이린분】
一人份

激音化

前字的收音ㄱ、ㄷ、ㅂ、ㅈ碰到后面字的初声字母ㅎ,就会变成浓音ㅋ、ㅌ、ㅍ、ㅊ。或是前字收音若为ㅎ,碰到后面字的初声字母ㄱ、ㄷ、ㅂ、ㅈ时,就会变成激音ㅋ、ㅌ、ㅍ、ㅊ。

单词发音练习

어떻게
eoddeokke
【어떠케】
如何

좋다
jotta
【조타】
好

입학
ippak
【이팍】
入学

많지
manchi
【만치】
多

浓音化

前字的收音若为ㄱ、ㄷ、ㅂ,碰到后面字的初声字母ㄱ、ㄷ、ㅂ、ㅅ、ㅈ时,就会变成浓音ㄲ、ㄸ、ㅃ、ㅆ、ㅉ。

单词发音练习

학교
hakggyo
【학꾜】
学校

학생
hakssaeng
【학쌩】
学生

식당
sikddang
【식땅】
餐厅

밥그릇
papggeureut
【밥끄릇】
饭碗

떡볶이
ddeokbboggi
【떡뽀기】
炒年糕

숯불
sutbbul
【숟뿔】
炭火

鼻音化

前字的收音若为ㄱ、ㄷ、ㅂ，碰到后面字的初声字母ㄴ、ㅁ、ㄹ时，尾音就会发ㅇ、ㄴ、ㄴ，收音会变化ㄱ→ㅇ、ㄷ→ㄴ、ㅂ→ㅁ。

单词发音练习

한국말	막내	국립	듣는다
hangungmal	mangnae	kungnip	teunneunda
【한궁말】	【망내】	【궁닙】	【든는다】
韩国话	老幺	国立	听

流音化

前字的收音若为ㄴ，碰到后面字的初声字母ㄹ时，就会变成ㄹ；前面字的收音若为ㄹ，碰到后面字的初声字母ㄴ时，就会变成ㄹ。(ㄹ+ㄴ／ㄴ+ㄹ＝ㄹ+ㄹ)

单词发音练习

신라	연락	설날	실내
silla	yeollak	seollal	sillae
【실라】	【열락】	【설랄】	【실래】
新罗	联络	农历新年	室内

颚音化

前字的收音若为ㄷ、ㅌ，碰到后面字为이时，就会变成지、치。(ㄷ+이＝지、ㅌ+이＝치)

单词发音练习

해돋이	같이
haedoji	kachi
【해도지】	【가치】
日出	一起

收音ㅎ脱落与弱音化

ㅎ后面若接ㅇ时，ㅎ就会脱落不发音。ㅎ若紧接在ㄴ、ㅁ、ㄹ后时，ㅎ就会弱音化而听不见，但在发音规则上也容许ㅎ不弱音化。

单词发音练习

좋아요	은행	전화
joayo	eunaeng	jeonwa
【조아요】	【으냉】	【저놔】
好	银行	电话

Chapter 3
韩语语法轻松学

- Unit1　四大用言基本文法观念
- Unit2　格式体与非格式体
- Unit3　韩语中的助词
- Unit4　敬语与非敬语

韩语是表音文字，因此大家一定要学好发音。有了前两章的发音基础，并熟悉韩语字母后，就可以学习语法与句型了。

学好语法的首要条件，就是一定要知道什么是"四大用言"。韩语的四大用言，指的就是动词、形容词、存在词、指定词等表示动作、状态、性质、存在与否等情形的基本用词。

四大用言基本文法观念

在前两章中,我们通过许多单词来学习发音,那些范例单词以名词居多。除了名词之外,四大用言等词语都是由基本型(原型)"…다"组合而成的,"다"是语尾,"다"前面的"…"则是语干。例如:"가다(kada) 去"是动词,"가"是语干,"다"是语尾;"예쁘다(yebbeuda) 漂亮"是形容词,"예쁘"是语干,"다"是语尾。以下分别举例介绍四大用言。

Chapter 3

动词

가다 kada 去	오다 oda 来	보다 poda 看
먹다 meokdda 吃	읽다 ikdda 读	마시다 masida 喝

운동하다 undonghada 运动

形容词

시원하다 siwonhada 凉爽	덥다 teopdda 热	크다 kkeuda 大
좁다 jopdda 窄小	높다 nopdda 高	비싸다 pissada 贵

指定词

이다 ida 是

아니다 anida 不是

存在词

있다 itdda 有、在

없다 eopdda 没有、不在

Unit 2 格式体与非格式体

　　韩语句型有许多语体种类，全部都是先去掉基本型语尾的"다"，保留语干部分来做各种语尾变化的句型。虽然韩语句型有许多语体种类，不过大体来说，可分为"格式体"与"非格式体"两大类别。

　　格式体是较正式的语体，用于比自己辈分或职等高的人，如晚辈或下属对长辈、上级表示尊敬，也适用于比较不熟悉或陌生的人。格式体通常用于书面语或较正式的场合，例如：公司、会议、新闻播报等。非格式体则是职位或辈分较高的人对下属或晚辈使用的，同辈之间也适用，通常用于较不正式的场合，属于日常生活中所用的语体。

1 格式体现在时语尾：ㅂ니다./습니다./ㅂ니까?/습니까?

除了名词之外，动词、形容词、存在词都可用格式体，如果语干最后一个字没有收音，肯定句时加"**ㅂ니다.**"，有收音则加"**습니다.**"。在疑问句中，语干没有收音加"**ㅂ니까?**"，有收音则加"**습니까?**"

 가다 kada 去 = 가 + ㅂ니다.= 갑니다. 去。
　　　　　　　　　ka+mnida.=kamnida.
　　　　　　　= 가 + ㅂ니까? = 갑니까? 去吗?
　　　　　　　　　ka+mnigga?= kamnigga?

있다 itdda 有、在 = 있 + 습니다.= 있습니다. 有、在。
　　　　　　　　　it+seumnida. = itsseumnida.
　　　　　　　= 있 + 습니까? = 있습니까? 有吗? 在吗?
　　　　　　　　　it+seumnigga?= it+sseumnigga?

운동하다 undonghada 运动 = 운동하 + ㅂ니다.= 운동합니다. 运动。
　　　　　　　　　undongha+mnida. = undonghamnida.
　　　　　　　= 운동하 + ㅂ니까? = 운동합니까?
　　　　　　　　　undongha+mnigga?= undonghamnigga?
　　　　　　　运动吗?

2 非格式体现在时语尾：아요./어요./여요. 아요?/어요?/여요?

非格式体句型也就是"阴阳性音变化"，学习非格式体句型一定要先知道韩语的阴性音、阳性音是哪些基本元音。简单地说，"ㅏㅑㅗㅛㅘ"是阳性音，如遇到语干最后一个字的元音是阳性音，肯定句/疑问句的语尾就加上"**아요./아요?**"

例 가다 kada 去 = 가 + 아요．= 가요．去。 肯定句
ka+ayo.= kayo.

= 가 + 아요？= 가요？去吗？ 疑问句
ka+ayo?= kayo?

작다 jakdda 小 = 작 + 아요．= 작아요．小。 肯定句
jak+ayo.= jagayo.

= 작 + 아요？= 작아요？小吗？ 疑问句
jak+ayo?= jagayo?

而其他"ㅓㅕㅜㅠㅡㅣ"的基本元音都是属于阴性音，如遇到语干最后一个字的元音是阴性音，肯定句/疑问句的语尾就加上"**어요．/어요？**"。

例 먹다 meokdda 吃 = 먹 + 어요．= 먹어요．吃。 肯定句
meok+eoyo.= meogeoyo.

= 먹 + 어요？= 먹어요？吃吗？ 疑问句
meok+eoyo?= meogeoyo?

있다 itdda 有 / 在 = 있 + 어요．= 있어요．有 / 在。 肯定句
iss+eoyo.=isseoyo.

= 있 + 어요？= 있어요？有吗？ / 在吗？ 疑问句
iss+eoyo?= isseoyo?

如果是"…하다"类则加上"**여요**"，最后变成"**해요．/ 해요？**"

例 사랑하다 saranghada 爱 = 사랑하 + 여요．= 사랑해요．我爱你。 肯定句
sarangha+yeoyo. = saranghaeyo.

사랑하 + 여요？= 사랑해요？爱我吗？ 疑问句
sarangha+yeoyo?= saranghaeyo?

 非格式体现在时、格式体与非格式体的过去时句型

非格式体现在时、格式体与非格式体的过去时句型，与阴阳音变化有关。

	阳音 ㅏㅑㅗㅛ	阴音 ㅓㅕㅜㅠㅡㅣ	하다类
非格式体（现在时）	아요．/ 아요？	어요．/ 어요？	해요．/ 해요？
格式体（过去时）	았습니다．/ 았습니까？	었습니다．/ 었습니까？	했습니다．/ 했습니까？
非格式体（过去时）	았어요．/ 았어요？	었어요．/ 었어요？	했어요．/ 했어요？

例 보다 poda 看 = 보 + 았습니다．= 봤습니다．看了。
po+atsseumnida. = pwatsseumnida.

= 보 + 았습니까？= 봤습니까？看了吗？
po+atsseumnigga? = pwatsseumnida?

사다 sada 买 = 사 + 았어요. = 샀어요. 买了。
sa+asseoyo =sasseoyo.
사 + 았어요？ = 샀어요？买了吗？
sa+asseoyo =sasseoyo?

먹다 meokdda 吃 = 먹 + 었습니다. = 먹었습니다. 吃了。
meok+eotsseumnida = meogeotsseumnida.
먹 + 었습니까？ = 먹었습니까？吃了吗？
meok+eotsseumnigga = meogeotsseumnigga?

주다 juda 给 = 주 + 었어요. = 줬어요. 给了。
ju+eosseoyo.=jwosseoyo.
주 + 었어요？ = 줬어요？给了吗？
ju+eosseoyo? =jwosseoyo?

공부하다 kongbuhada 读书 = 공부하 + 였습니다. = 공부했습니다. 读了。
kongbuha+yeotsseumnida. =kongbuhaetsseumnid.
= 공부하 + 였습니까？ = 공부했습니까？
kongbuha+yeotsseumnigga? =kongbuhaetsseumnigga?
读了吗？

구경하다 kugyeonghada 观赏 = 구경하 + 였어요. = 구경했어요. 欣赏。
kugyeongha+yeosseoyo.=kugyeonghaesseooyo
구경하 + 였어요？ = 구경했어요？
kugyeongha+yeosseoyo? =kugyeonghaesseooyo?
欣赏了吗？

4 名词이다　是……　名词이/가 아니다　不是……

格式体不论前面的名词有无收音，都加上**입니다**.（是）/**입니까**?（是吗？）

 그 남자는 요리사입니다. 那名男子是厨师。
keu namjaneun yorisaimnida.
저는 학생이 아닙니다. 我不是学生。
jeoneun hakssaengi animnida.

非格式体名词有收音加**이에요**./**이에요**？没有收音则加上**예요**./**예요**？否定时则是 名词**이/가 아니에요**. 或名词**이/가 아니에요**？

 여기는 서울이 아니에요. 这里不是首尔。
yeogineun seouri anieyo.

> **特别提醒**
> 　　非格式体的肯定句与疑问句都一样，只是句子最后的标点符号"."与"？"并不相同。在说话的时候，要记得肯定句的语调是"微微下降"，疑问句的语调则是"微微上扬"，否则听者会搞不清楚状况。
> 　　除了名词，动词、形容词、存在词都可用格式体，如果语干最后一个字没有收音，肯定句时加"ㅂ니다."，有收音则加"습니다."。如果是疑问句，没有收音加"ㅂ니까？"，有收音加"습니까？"。

Unit 3 韩语中的助词

韩语有许多助词,助词的主要功能在于彰显前字的词性。虽然很多韩国人讲话时都会省略助词,不过初学者还是要先了解助词的用法。韩语的语法大致是"主语+叙述语",叙述语通常包含动词或形容词,都是放在句子的最后。韩语的句型为"主格 + 宾格 + 动词"。

1 主格助词

主格助词 는 / 은	有主观强调及加强语气的作用
主格助词 이 / 가	有客观叙述说明的作用

例 나는 밥을 먹는다. 我吃饭。
naneun pabeul meongneunda.

존스가 학교에 갑니다. 琼斯去学校。
jonseuga hakggyoe kamnida.

2 宾格助词

句尾动词前面一定有宾格,宾格包含名词加上宾格助词。

宾格助词 을 / 를	前面接宾格

例 운동을 합니다. 做运动。
undongeul hamnida.

쿠키를 만들었어요. 做了饼干。
kkukkireul mandeureosseoyo.

3 方向助词、时间助词、处格助词

에	方向助词	前面接去的地方
에	时间助词	前面接时间、日期
에서	处格助词	表示在什么地方进行什么事

例 어디에 가요? 去哪呢?
eodie kayo?
회사에 가요. 去公司。
hoesae kayo.
몇 시에 자요? 几点睡呢?
meot ssie jayo?
12 시에 자요. 十二点睡。
yeoldusie jayo.
식당에서 밥을 먹었어요. 在餐厅吃饭。
sikddangeseo pabeul meogeosseoyo.
회사에서 일을 해요. 在公司工作。
hoesaeseo ireul haeyo.

MEMO

Unit 4 敬语与非敬语

 시 / 으시表示尊敬

在动词、形容词、指定词、存在词四大用言语干后面看有无收音,加上 "시 / 으시",不论是格式体或非格式体都可以。

例 무엇을 하십니까 ? 您做什么呢?
mueoseul hasimnigga?
하 (다)+ 시 + ㅂ니까 = 하십니까 ?

신문을 읽으십니다 . 读报纸。
sinmuneul ilgeusimnida.
읽 (다) + 으시 + ㅂ니다 = 읽으십니다 .

안녕히 가세요 . 请慢走。
annyeonghi kaseyo.
가 (다) + 시 + 어요 = 가세요 .

선물을 받으세요 . 请收下礼物。
seonmureul padeuseyo.
받 (다) + 으시 + 어요 = 받으세요 .

 非敬语型

长辈或上级对晚辈或下属所用的非正式用法,或者年纪相仿、比较熟悉的好友、亲人所用。使用非敬语时,主语也要有所改变,这样会比较不礼貌、不正式。

我(谦虚/非敬语)	你(谦虚/非敬语)	我们(谦虚/非敬语)
저 jeo / 나 na	당신 tangsin / 너 neo	저희 jeohui / 우리 uri

动词、形容词、存在词的非格式体不论肯定还是疑问句型都省略"요"。

例 있 (다)= 있 + 어 (요)= 있어 . / 있어 ? 有。/ 有吗?
isseo. / isseo?
오 (다) = 오 + 아 (요) = 와 . / 와 ? 来。/ 来吗?
wa. / wa?
예쁘 (다) = 예쁘 + 어 (요) = 예뻐 . / 예뻐 ? 漂亮。/ 漂亮吗?
yebbeo. / yebbeo?

名词后面接指定词时，要看有无收音加"야 / 이야"。

例 너 학생**이야**. 你是学生。
neo haksaengiya?

지금 어디**야**？现在在哪？
jigeum eodiya?

3 常用问候语——敬语与非敬语句型练习

韩语	罗马音	中文	类型
안녕하십니까？	annyeonghasimnigga?	您好。	最敬语
안녕하세요？	anyeonghaseyo?	您好。	敬语
안녕？	annyeong?	你好。	非敬语
감사합니다．	kamsahamnida.	谢谢。	最敬语
고맙습니다．	komapsseumnida.	谢谢。	最敬语
고마워요．	komawoyo.	谢谢。	敬语
고마워．	komawo.	谢谢。	非敬语
수고하셨습니다．	sugohasyeotsseumnida.	辛苦您了。	过去时最敬语
수고하셨어요．	sugohasyeosseoyo.	辛苦您了。	过去时最敬语
수고하세요．	sugohaseyo.	辛苦您了。	现在时最敬语
수고해．	sugohae.	辛苦你了。	非敬语
이것이 무엇입니까？	igeosi mueosimnigga?	这是什么呢？	最敬语
이거 뭐예요？	igeo mwoyeyo?	这是什么呢？	敬语
이게 뭐야？	ige mwoya?	这是什么呢？	非敬语
시간이 있으십니까？	sigani isseusimnigga?	有时间吗？	最敬语
시간이 있으세요？	sigani isseuseyo?	有时间吗？	最敬语
시간이 있어요？	sigani isseoyo?	有时间吗？	敬语
시간 있어？	sigan isseo?	有时间吗？	非敬语

Part 2
在韩国的
衣食住行

Chapter 4
女孩们在韩国——交通篇

Unit 1 我是和朋友来韩国旅行的

Unit 2 请问到北村韩屋村怎么走?

Unit 3 搭出租车坐缆车游N首尔塔

Unit 4 国道客运还有位子吗?

Unit 5 买KTX三日券去釜山一游

〔女孩们的应急韩语〕交通篇

说到去韩国旅行，没去过的人难免会感到害怕。跟旅行团确实是很方便的选择。但如果想要深度旅行，深刻体验当地的风情文化，当然还是选择自助旅行更好（배낭여행）！

到韩国玩，不论是乘地铁、高铁，还是坐火车、市区巴士、出租车……各种各样的交通工具都可以带你到达目的地！

女孩们，行李准备好了吗？现在，就让我们一起前往韩国，开始一场精彩、丰富的快乐旅程吧！在本章中，你将学到许多与韩国交通有关的知识及用语。

Let's Go!

Unit 1 我是和朋友来韩国旅行的

MP3 04-01

출입국 심사직원 churipgguk simsajigwon 验照员
방문 목적이 무엇입니까?
pangmun mokjjeogi mueosimnigga?
来访的目的是什么?

可替换：
- 관광하러　来观光
- 쇼핑하러　来血拼

제니퍼 jenippeo 珍妮弗
친구와 같이 여행하러 왔습니다.
chinguwa kachi yeohaenghareo watsseumnida.
我是和朋友一起来旅行的。

출입국 심사직원 churipgguk simsajigwon 验照员
모두 몇 명 오셨습니까?
modu myeonmyeong osyeotsseumnigga?
一共几位呢?

Chapter 4

제니퍼 jenippeo 珍妮弗
저를 포함해서 세 명입니다.
jeoreul ppohamhaeseo se myeongimnida.
加上我有三位。

출입국 심사직원 churipgguk simsajigwon 验照员
며칠 동안 계실 것입니까?
myeochil dongan kyesil ggeosimnigga?
要待几天呢?

可替换：
- 1주일　一周
- 한달 l 一个月

제니퍼 jenippeo 珍妮弗
5박 6일 동안 있을 겁니다.
obank nyugil dongan isseul ggeomnida.
我们会待六天五夜。

可替换：
- 좋은 하루　美好的一天
- 행복한 여행　幸福的旅程

출입국 심사직원 churipgguk simsajigwon 验照员
예, 알겠습니다. 즐거운 여행이 되십시오.
ye, algetsseumnida. jeulgeoun yeohaengi toesipssio.
好, 我了解了。祝你们旅途愉快。

제니퍼 jenippeo 珍妮弗
네, 감사합니다.
ne, kamsahamnida.
好的, 谢谢。

 温馨小提醒 Tips

★ 观光小常识
女孩们搭飞机抵达仁川国际机场后，千万不要慌张！入境前先通过红外线测温器，并填写上交健康状态调查表；接着拿出护照以及在飞机上填写好的小张入境申告书交给机场验照人员，海关申报单则是到最后入境时交给海关。

说到韩国人！就跟我们中国人一样，大家都喜欢听好话，因此到了韩国可以多说"부자 되십시오. （祝您发大财。）" "1등 되세요. （祝你拿到第一名。）" "활기찬 하루 되세요. （祝你有个充满活力的一天。）"等好听的祝福语，相信一定会让自己人缘很好，做任何事都顺利！

这些单词一定要学会

출입국 심사직원 churipgguk simsajigwon 名 出入境管理局验照员	방문 pangmun 名 访问	목적 mokjjeok 名 目的	여행하다 yeohaenghada 动 旅行
며칠 myeochil 名 几天	동안 tongan 名 期间、时候、时间	5박6일 obank yugil 名 6天5夜	즐겁다 jeulgeopdda 形 愉快的

女孩们的韩文语法笔记

1. 名词+…와/과、랑/이랑、하고　和……一起

三者皆可用于非格式体口语中，表示列举，也就是中文"和……"的意思，…와（前字无收音）/과（前字有收音），…랑（前字无收音）/이랑（前字有收音），…하고（前字有无收音），后面再加上副词"같이"或"함께"就有一起的意思。

例 어제 박 선생님과 같이 영화를 봤어요.
eoje pak seonsaengnimgwa gachi yeonghwareul pwasseoyo.
昨天和朴老师去看电影了。

종석 오빠랑 같이 놀자.
jongseok obbarang gachi nolja.
和钟硕哥一起玩吧。

작년에 제니퍼하고 같이 부산에 갔어요.
jangnyeone jenippeohago gachi pusane kasseoyo.
去年和珍妮弗去了釜山。

2. 动词+러/으러 가다/오다.　去……/来……

动词无收音的情况下加"러"，若有收音则加"으러"，最后句尾加上"가다""오다"，就是"为了……去"或"为了……来"，也就是"去……"或"来……"的意思。

女孩们的韩文文法笔记

例 **오늘 저녁에 영화 보러 가요.**
oneul jeonyeoge yeonghwa poreo gayo.
今晚要去看电影。

친구들이 우리 집에 밥 먹으러 와요.
chingudeuri uri jibe pam meogeureo wayo.
朋友们来我家吃饭。

3. 动词/形容词 + 아서/어서/해서　因为……，所以……

接在动词或形容词后，表示原因、理由的连接词。

例 **너무 피곤해서 집에서 쉬어요.**
neomu ppigonaeseo jibeseo swieoyo.
因为太累，所以在家休息。

한국을 좋아해서 한국어를 배우고 있어요.
hangugeul joahaeseo hangugeoreul paeugo isseoyo.
我喜欢韩国，正在学韩语。

哈韩女孩小笔记 —— 仁川国际机场

来到韩国首尔，第一眼看到的就是仁川国际机场，相信很多人都会非常惊讶。仁川国际机场几乎年年都在全球百大最佳机场评比中稳坐前十名。机场的硬件设备好服务人员也亲切。趁着入境前的空档，在四周看看，把与机场相关的单词都记下来，这可是学韩语最快的方法！

입국 ipgguk 名 入境	출국 chulguk 名 出境	도착 tochak 名 降落	이륙 iryuk 名 起飞
검역 keomyeok 名 检疫	입국심사 ipggukssimsa 名 入境验关	수하물 suhamul 名 随身行李	세관검사 segwangeomsa 名 海关检查

Chapter 4

Unit 2 请问到北村韩屋村怎么走?

MP3 04-02

미미 / miml / 美美
할머님, 실례하지만 말씀 좀 묻겠습니다.
halmeonim, sillehajiman malsseum jom mutggetsseumnida.
奶奶,抱歉请问一下。

북촌 한옥마을은 어디에 있습니까?
pukchon hanonkmaeurun eodie isseumnigga?
北村韩屋村在哪里呢?

可替换:
어디입니까? 哪里?
어디예요? 哪里?

할머니 / halmeonim / 奶奶
잘 모르겠어요.
jal moreugesseoyo.
我不知道。

미미 / miml / 美美
네, 괜찮습니다. 감사합니다.
ne, kwaenchanseumnida kamsahamnida.
好,没关系。谢谢。

정이 / jeongi / 静怡
아저씨, 길을 좀 여쭤 보겠어요.
ajeossi, kireul jom yeojjwobogesseoyo pogesseoyo.
先生,想问一下路。

북촌 한옥마을까지 어떻게 가요?
pukchon hanonkmaeulggaji eeoddeokkegayo?
到北村韩屋村该怎么走呢?

可替换:
경복궁 景福宫

아저씨 / ajeossi / 先生
이길로 쭉 가시면 바로 왼쪽에 있어요.
igillo jjuk gasimyeon paro oenjjoge isseoyo.
从这条路直走的话,刚好就在左边。

可替换:
오른쪽 右边
뒤 后面

정이 / jeongi / 静怡
네, 잘 알겠어요. 수고하세요.
ne, jal algesseoyo. sugohaseyo.
好,我知道了。辛苦了。

★温馨小提醒 Tips

女孩们来到韩国,如果需要寻求别人帮忙时,有个小秘诀,就是"尽量多问异性"。大部分的韩国男士对女生都很热情,愿意伸出援手。特别是需要问路时,要尽量问男士们,这样一定会得到满意的结果。他们甚至会热心地带着你们走到要去的地方。不过如果是自己一个人去旅行就要特别注意,当心不要碰到坏人!

这些单词一定要学会

할머님 halmeonim 名 奶奶	실례하다 sillehad 动 打扰	말씀 malsseum 名 话（말的敬语）	묻다 mutdda 动 问
잘 chal 副 好、非常、很	모르다 moreudal 动 不知道	괜찮다 kwaenchantta 形 没关系、还好	아저씨 ajeossi 名 先生、大叔
여쭈다 yeojjuda 动 请问	쭉 jjuk 副 直直地	바로 paro 副 刚好	왼쪽 oenjjok 名 左边

补充 ｜ 수고하다 sugohada 动 辛苦

女孩们的韩文语法笔记

1 动词 / 形容词 + 지만　虽然……但是……

"지만"放在动词或形容词语干后面，还可加上"시、았/었/였(했)、겠"等字，表示对立转折的语气。但若用于"실례하다、미안하다、죄송하다"等"抱歉"词之后，有向人请求帮助的客气意思。

例 이 삼계탕은 비싸지만 맛있네요.
i samgettangeun pissajiman masinneyo.
这参鸡汤虽然贵，但是很好吃呢！

밥을 많이 먹었지만 배가 고파요.
pabeul mani meogeotjjiman paega koppayo.
虽然吃了很多饭，但是肚子还是饿。

실례하지만, 화장실이 어디입니까?
sillehajiman hwajangsiri eodiimnigga?
抱歉，请问一下洗手间在哪里？

2 动词、形容词 + 겠　将……

用于第一人称"我"时，表示有未来"将……"以及猜测的意思，若放在"알다、모르다"之后则有委婉地表示自己见解的意思。

女孩们的韩文文法笔记

例 이번 여름 방학에 한국에 가겠습니다.
ibeon yeoreum banghage hanguge kagetsseumnida.
我这次暑假将去韩国。

오늘 저녁에 비가 오겠어요.
oneul jeonyeoge piga ogesseoyo.
今晚可能会下雨。

네, 알겠습니다.
ne, algetsseumnida.
是的,我知道了。

3 动词 + 아 보다 / 어 보다 / 여 보다 ……看看(尝试……的意思)

先看动词语干收音是否为阳性音、阴性音,分别加上"**아 보다、어 보다**",若为"**-- 하다**"类则加上"**여 보다**",可写成"**해 보다**"。

例 괜찮아요. 다시 한번 해 보세요.
kwaechnayo. tasi hanbeon hae boseyo.
没关系。请再试一次看看。

이런 맛있는 김치를 처음에 먹어 봤어요.
ireon masinneun gimchireul cheoeume megeo bwasseoyo.
初次尝到了这样美味的泡菜。

Unit 1 搭出租车坐缆车游 N 首尔塔

04-03

제니퍼 Jenippeo 珍妮弗	아저씨, N 서울타워까지 가 주세요. ajeossi, nseoulttawoggjia ka juseyo. 先生，请载我们到首尔塔。
미미 Mimi 美美	미터기로 계산해 주세요. mitteogiro kyesanae juseyo. 请按计程表收费。
택시 기사 ttaekssi kisa 出租车司机	예, 알겠습니다. ye, algetsseumnida. 是，我了解了。
정이 Jeongi 静怡	여기에서 N 서울타워까지 멀어요? yeogieseo nseoulttawoggaji meoreoyo? 这边距离 N 首尔塔远吗?
택시 기사 ttaekssi kisa 出租车司机	아니요, 멀지 않습니다. 금방 갑니다. aniyo, meolji ansseumnida. keumbang gamnida. 不会啊，不远。马上就到了。
미미 mimi 美美	아저씨, N 서울타워에는 특별한 곳 이 뭐가 있나요? ajeossi, nseoulttawoeneun tteukbbyeoran kotsi mwoga innayo? N 首尔塔有什么特别的地方呢?
택시 기사 ttaekssi kisa 出租车司机	전망대 가 있고 케이블카 도 있습니다. jeonmangdaega itggo kkeibeurkkado itsseumnida. 有展望台也有缆车。
	그리고 재미있는 것이 많이 있습니다. keurigo jaemiinneun geosi mani itsseumnida. 还有许多有趣的东西。
제니퍼 jenippeo 珍妮弗	그래요? 다음에 는 꼭 한번 케이블카로 타 봐야 돼요. keuraeyo? taeumeneun ggok hanbeon kkeibeurkkaro tta bwaya dwaeyo. 是吗? 那下次一定要坐一次缆车看看。

可替换:
- 재미있는 게 有趣的东西
- 놀거리 玩的地方、逛的地方

可替换:
- 박물관 博物馆
- 수족관 水族馆

可替换:
- 나중에 之后
- 앞으로 将来

★ 观光小常识

在首尔乘坐大众交通工具很方便，不过一到深夜或逛街累到不行时，相信大家一定会想搭出租车。这时，千万要小心，虽然首尔的出租车司机大部分都很不错，但仍有些害群之马，会故意绕远路，甚至不按表计价，特别是要上南山去 N 首尔塔时更要注意，很容易被敲竹杠，女孩们若没有男性陪伴，不拿出个三四万韩元（约人民币 180–240 元）可能下不了车！因此建议大家如果非得坐出租车，选择"模范出租车"会比较安全，虽然费用比一般出租车贵，但至少不会被乱敲竹杠。

★ 观光小常识

女孩们乘出租车时，如果担心碰到"不良司机"，可以故意向警察先生问路，表明自己要坐出租车。通常警察都会帮你拦车，由警察帮忙叫车，相信碰到坏人的概率会降低！接下来，当然还是得靠自己，一上车就要把眼睛睁得大大的，紧盯右前方的司机姓名、车号等资料，甚至抄下来，以备不时之需。

这些单词一定要学会

택시 기사 ttaekssi kisa 名 出租车司机	N 서울타워 nseoulttawo 名 N 首尔塔	미터기 mitteogi 名 计程表	예 / 네 ye / ne 名 是
알다 alda 动 知道、了解	여기 yeogi 名 这里 （离说者近听者远）	거기 keogi 名 那里 （离说者远听者近）	저기 jeogi 名 那里 （离说者远听者近）
멀다 meolda 形 远	금방 keumbang 名 副 刚刚、刚才	가다 kada 动 去	특별하다 tteukbbyeolhada 形 特别的
전망대 jeonmangdae 名 展望台	케이블카 kkeibeulkka 名 缆车	곳 kot 名 地方	뭐 mwo 名 什么（무엇的缩写）
그리고 keurigo 副 还有、以及	재미있다 jaemiitdda 形 有趣、好玩	많이 mani 副 很多	그렇다 keureotta 形 那样

补充 ｜ 다음 taeum 名 下次、下个

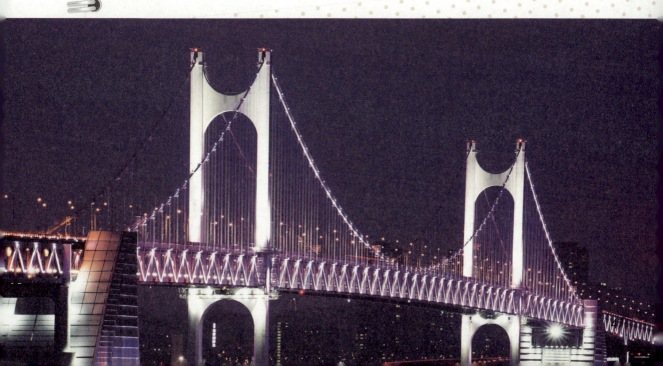

女孩们的韩文文法笔记

名词+…까지　到……为止

放在名词后面，表示范围的终点，通常时间就是"…**부터**…**까지**"，空间就是"…**에서**…**까지**"。若起点比较明确，则可省略"**부터/에서**"，只讲"…**까지**"就可以了。

例　부산까지 기차로 타요.
　　pusanggaji kicharo ttayo.
　　坐火车到釜山。

　　신촌까지 얼마나 걸립니까？
　　sinchonggaji eolmana geollimnigga?
　　到新村要花多少时间？

动词+아/어/여 주다　给我、为我、帮我……

动词后面看语干，如果为阳性音加"**아 주다**"，阴性音加"**어 주다**"，**하다**加"**여 주다**"，表示请别人为自己做什么事情。

例　오후 3 시에 청소해 주세요.
　　ohu sesie cheongsohae juseyo.
　　下午三点请帮我打扫卫生。

　　한국에 가시면 김치를 많이 사 주세요.
　　hanguge gasimyeon kimchireul mani sa juseyo.
　　如果您去韩国，请帮我多买些泡菜。

名词+도　也……

用于名词或代名词后，不论有无收音都可加"**도**"，可以代替原先的助词，表示有交集，"也……"的意思。

例　저도 운동을 좋아해요.
　　jeodo undongeul joahaeyo.
　　我也喜欢运动。

　　이 가방도 진수의 것입니다.
　　i gabangdo jinsue geosimnida.
　　这包也是镇秀的东西。

Unit 4 국도客运还有位子吗?

시내버스 市区公交车

제니퍼 | 아저씨, 서울 고속버스 터미널에 도착하면 알려 주세요.
Jenippeo | ajeossi, seoul gosokbbeoseu tteomineore tochakkmyeon allyeo juseyo.
珍妮弗 | 先生，到首尔国道客运站时，请告诉我。

버스 기사 | 예, 다음 정류장에서 내리시면 돼요.
peoseu kisa | ye, taeum jeongnyujangeseo naerisimyeon dwaeyo.
公交车司机 | 好的，请在下一个车站下车。

可替换:
- 이번 这次
- 셋번째 第三次

제니퍼 | 네, 알겠습니다. 고맙습니다.
Jenippeo | ne, alggetsseumnida. komapsseumnida.
珍妮弗 | 好，我知道了，谢谢。

서울 고속버스 터미널 首尔国道客运站

정이 | 여주까지 가는 버스가 있나요?
Jeongi | yeojuggaji kaneun beoseuga innayo?
静怡 | 请问有到骊州的国道客运吗？

터미널 직원 | 네, 있어요.
tteomineol jigwon | ne, isseoyo.
客运站职员 | 是，有的。

10(열) 시 20(이십) 분에 출발하는 차가 있고 50 분에도 있어요.
yeosi isipbbune chulbaraneun chaga itggo osipbbunedo isseoyo.
有十点二十分出发的车以及五十分的车。

제니퍼 | 그럼 10(열) 시 50(오십) 분에 여주로 가는 버스 표 3 장 주세요.
jenippeo | keureom yeolsi osipbbune yeojuro kaneun peoseu ppyo se jang juseyo.
珍妮弗 | 那么，请给我三张十点五十分往骊州去的客运票。

터미널 직원 | 출발 1(한) 시간 전 에 예약할 수 있습니다.
tteomineol jigwon | churbal hansigan jeone yeyakkal ssu itsseumnida.
客运站职员 | 出发前一小时可以预约。

可替换:
- 45(사십오) 분전 四十五分钟前
- 2(두) 시간전 两个小时前

제니퍼 | 네, 잠깐만 오겠어요. 수고하세요.
jenippeo | ne, itddaga ogesseoyo. sugohaseyo.
珍妮弗 | 好，等一下就过来。辛苦了。

Chapter 4

49

★ 观光小常识

骊州名牌购物中心（http://www.premiumoutlets.co.kr/yeoju/）为美国百货中心市场的龙头"西蒙地产集团"与新世界集团共同打造的占地 26 000 平方米的名牌购物中心。虽然地处距离首尔市区一两个小时车程的京畿道，不过大家可以在首尔高速巴士客运站搭国道客运，下车后可搭往骊州 Premium Outlet 方向的 51-11、13 号市区巴士。

这些单词一定要学会

시내버스 sinaebeoseu 名 市区公交车	고속버스 kosokbbeoseu 名 国道客运	터미널 직원 tteomineol jigwon 名 客运站职员	정류장 jeongnyujang 名 车站
도착하다 tochakkada 动 到达	고맙다 komapdda 形 谢谢	여주 yeoju 名 骊州	프리미엄아울렛 ppeurimieomaullet 名 名牌购物中心
출발하다 chulbarada 动 出发	10(열) 시 50 (오십) 분 yeolsiosipbbun 名 十点五十分	그럼 keureom 副 那么	예약하다 yeyakkada 动 预约

补充 ｜ 전 jeon 名 在……之前

女孩们的韩文语法笔记

1 **1. 动词 + …면/으면 되다**　　如果……就可以了

动词后面加上"면/으면 되다"表示具备某种条件就行了。

例 여기에서 많이 먹으면 됩니다.
yeogieseo mani meogeumyeon doemnida.
在这里尽管吃就好了。

일이 있으시면 저를 부르시면 돼요.
iri isseusimyeon jeoreul bureusimyeon dwaeyo.
如果有事请叫我。

2 **动词 + …나요?**　　……呢? ……吗?

这是一种婉转客气的问法，通常是对长辈或上级，接在动词现在式、过去式（았/었/였）或"있다/없다"之后使用的疑问词。

例 내일 오후 3(세) 시에 시간 있나요?
naeil ohu sesie sigan innayo?
明天下午三点有时间吗?

女孩们的韩语语法笔记

오늘 아침에도 기도했나요？
oneul achimedo kidohaennayo?
今天早上也祈祷了吗？

3 K 시 C 분 "几点几分"的写法

韩语数字有固有词与汉字音两种，要讲几点几分时，"时"前面要放固有词，"分"的前面要放汉字音的数字。可用 Korean 的 "K" 以及 Chinese 的 "C" 作代号，这样会比较好记。

固有词数字：

1	2	3	4	5	6	7
하나	둘	셋	넷	다섯	여섯	일곱
ana	tul	set	net	taseot	yeoseot	ilgop
8	9	10	11	12	13	14
여덟	아홉	열	열하나	열둘	열세	열네
yeodeol	ahop	yeol	yeolhana	yeoldul	yeolse	yeolle

注意：固有词数字若加上单位量词时，有些数字会变化。

1：하나 (한) hana (han)

2：둘 (두) tul (tu)

3：셋 (세) set (se)

4：넷 (네) net (ne)…

11：열하나 (열한) yelhana (yerana)

12：열둘 (열두) yeoldul (yeoldu)

13：열셋 (열세) yeolset (yeolse)

14：열넷 (열네) yeollet (yeolle)

汉字音数字：

1	2	3	4	5
일	이	삼	사	오
il	i	sam	sa	o

Chapter 4

女孩们的韩语语法笔记

6	7	8	9	10
육 yuk	칠 chil	팔 ppal	구 ku	십 sip
11	12	13	14	15
십일 sibil	십이 sibi	십삼 sipssam	십사 sipssa	십오 sibo
20	30	40	50	60
이십 isip	삼십 samsip	사십 sasip	오십 osip	육십 yukssip

例：时间的表示

12 点 35 分	1 点 58 分	2 点 15 分
12(열두) 시 35(삼십오) 분 yeoldusi samsibobun	1(한) 시 58(오십팔) 분 hansi osipppalbun	2(두) 시 15(십오) 분 tusi sibobun

4　动词 / 部分形容词之后 + 다가

动词 / 部分形容词之后加上"**다가**"，表示动作状态发生中断，改变成为另外的动作状态，通常可省略"**가**"。

 화장실에 가다가 오겠어요.
hwajangsire kadaga ogesseoyo.
去一下洗手间就回来。

회사 일이 하다가 그만뒀어요.
hoesa iri hadaga keumandwosseoyo.
公司的事情做一做就放弃了。

Unit 5 买KTX三日券去釜山一游

MP3 04-05

정이 / jeongi / 静怡
실례지만 외국사람인데요. KR PASS 로 바꾸러 왔어요.
sillejiman oegukssaramindeyo. KR PASSro pagguro wasseoyo.
抱歉，我是外国人。我来换外国人专用火车通行证（KR PASS）。

可替换：
▶ 외국학생　外国学生

역무원 / yeongmuwon / 站务员
네, 여권하고 패스 교환권、신용카드를 보여 주세요.
ne, yeogwonhago ppaeseu gyohwangwon, sinyongkkadeureul poyeo juseyo.
好的，请给我看一下护照与 PASS 交换券、信用卡。

정이 / jeongi / 静怡
잠깐만 기다리세요. 여기 있어요.
chamgganman kidariseyo. yeogi isseoyo.
请稍等我一下。在这里。

可替换：
▶ 조금만　仅一会
▶ 좀　稍微

역무원 / yeongmuwon / 站务员
이 패스 받으시고 확인해 보세요.
i ppaeseu padeusigo hwaginhae boseyo.
请收下 PASS 并确认一下。

정이 / jeongi / 静怡
네, 맞아요. KTX 만 탈 수 있어요?
ne, majayo. KTXman ttal ssu isseoyo?
好的，没错。只能搭 KTX 吗？

역무원 / yeongmuwon / 站务员
아니요, 새마을, 무궁화 등의 코레일 모든 열차를 탈 수 있어요.
aniyo, saemaeul, mugunghwadeunge kkoriel modeun yeochareul ttal ssu isseoyo.
不是，还可乘坐新村、木槿花等 KORAIL（韩国铁路局）所有的列车。

정이 / jeongi / 静怡
네, 알겠어요. 수고하세요.
ne, algesseoyo. sogoghaseyo.
好，我了解了。辛苦你了。

★ 观光小常识
女孩们如果来到韩国，可别一直待在首尔玩，大邱、釜山等城市也很有意思！或许大家会觉得去那么多地方，光交通费就要花不少钱。没关系，可以在抵达韩国前一周上网站（http://www.letskorail.com）购买 KORAIL 通票（KR PASS，外国人专用火车通行证），有一日券、三日券等不同的种类可以使用，是 KTX、新村号、木槿花号普通席等 KORAIL 所有列车的通行证！

这些单词一定要学会

서울역 seouryeok 名 首尔站	외국사람 oegukssaram 名 外国人	바꾸다 pagguda 动 换	여권 yeogwon 名 护照
패스 ppaeseu 名 通行证	교환권 kyohwangwon 名 交换券	신용카드 sinyongkkadeu 名 信用卡	잠깐 jamggan 副 一会儿、暂且
기다리다 kidarida 动 等待	확인하다 hwaginhada 动 确认	모든 modeun 冠 全部、所有、一切	열차 yeolcha 名 列车

补充 | 역무원 yeokmuwon 名 站务员

女孩们的韩语语法笔记

1. 名词+인데요　是……

名词放在"이(다)+ㄴ데요=인데요"之前，用于表示对状况或背景的说明。

例　저는 제니퍼인데요. 중국에서 왔어요.
jeoneun jenippeoindeyo. junggueseo wasseoyo.
我是珍妮弗。我是从中国来的。

오늘은 참 좋은 날인데요.
oneureun cham joeun narindeyo.
今天真是美好的一天。

2. 名词+로/으로　用……

接于名词后面，无收音或有收音"ㄹ"用"로"；有收音用"으로"，表示做某件事的手段与工具。

例　어제 인터넷으로 옷을 샀어요.
eoje intteoneseuro oseul sasseoyo.
昨天上网买了衣服。

女孩们的韩语语法笔记

홍콩에서 서울까지 비행기로 2 (두) 시간 30 (삼십) 분 걸려요.
Hongkongeseo seoulggaji pihaenggiro tusigan samsipbbun keollyeoyo.
从香港到首尔坐飞机要花两小时三十分。

3 动词 / 形容词 / 指定词 + 시 / (으시)　表示尊敬的助词

动词、形容词或指定词如无收音加上"시",有收音则加上"으시,이다"后面则加上"시",表示对该动作或进行者或状态保持者(主体)的尊敬,自己绝对不能使用。

例　선생님은 신문을 읽으십니다.
　　seonsaengnimeun sinmuneul ilgeusimnida.
　　老师在看报纸。

　　여러분은 어디로 가시겠습니까?
　　yeoreobuneun eodiro kasigtsseumnigga?
　　各位要去哪里呢?

哈韩女孩小笔记

高铁与火车

在韩国,高铁与火车这两种交通工具都属于韩国铁路局코레일(KORAIL)所管辖,如果来韩国玩,可别忘了多多利用。以下是在首尔火车站会看到的单词。

새마을 saemaeul 名 新村	무궁화 mugunghwa 名 木槿花	출발역 chulballyeok 名 出发站	출발시간 chulbalsigan 名 出发时间
도착시간 tochakssigan 名 抵达时间	열차번호 yelchabeonho 名 列车号码	승강장 seunggangjang 名 月台	지연 jiyeon 名 延迟
편도표 ppyeondoppyo 名 单程票	왕복표 wangbokppyo 名 往返票		

女孩们的应急韩语 交通篇

搭出租车

04-06

1 기사님, 지금 타도 돼요?
kisanim, jigeum ttado twaeyo?
司机先生,现在可以搭车吗?
★기사님:司机先生

2 기사님, 코엑스 쇼핑몰까지 가 주세요. 고맙습니다.
kisanim, kkoeksseu syoppingmolggaji ka juseyo. komapsseumnida.
司机先生,我要到COEX商场,谢谢!
★코엑스 쇼핑몰:COEX商场

3 말씀 좀 묻겠어요. 택시 타는 곳이 어디예요?
malsseum jom mutggesseyo. ttaekssi ttaneun gosi eodiyeyo?
请问一下,出租车搭乘处在哪呢?
★묻다:问

4 우리 택시를 타러 갑시다.
uri ttaekssireul ttareo gapssida.
我们去搭出租车吧!
★택시:出租车

5 짐 좀 들어도 될까요?
jim jom teureodo toerggayo?
可以帮我拿行李吗?
★들다:拿、提

6 우선 안전벨트 착용하시죠.
useon anjeonbeltteu chagyonghasijyo.
请先系好安全带。
★안전벨트:安全带

7 이건 제가 가는 주소인데요.
igeon jega kaneun jusoindeyo.
这是我要前往的住址。
★주소:地址

8 이 호텔로 가 주세요.
i hottello ka juseyo.
我们要到这间旅馆。
★호텔:旅馆

9 이 명함 주소로 가 주세요.
i myeongham jusoro ka juseyo.
请带我到这个名片上的地址。
★명함:名片

10 좀 빨리 가 주세요. 시간이 늦어서요.
jom bballi ka juseyo. sigani neujeoseoyo.
请你开快一点,我要晚了。
★빨리:快点 늦다:晚

`搭` `出` `租` `车`

11 비 오는 날은 좀 천천히 **운전하**세요.
pi oneun nareun jom cheoncheonhi unjeonhaseyo.
下雨天麻烦请开慢一点。 ★운전하다: 驾驶

12 여기서 **세워**도 돼요.
yeogiseo sewodo dwaeyo.
让我在这边下车就好。 ★세우다: 停车

13 **인천공항**까지 요금이 얼마나 나와요?
incheongonghangggaji yogeumi eolmana nawayo?
请问到机场的车费是多少? ★인천공항: 仁川机场

14 택시 **요금**은 5(오) 만원입니다.
ttaekssi yogeumeun omanwonimnida.
出租车费是五万元。 ★요금: 费用

15 거기서 세워 주시고 좀 **기다려** 주세요.
keogiseo sewo jusigo jom kidaryeo juseyo.
麻烦先停在这里, 请稍等我们一下。 ★기다리다: 等

16 거기로 가는 **길**을 아세요?
keogiro kaneun gireul aseyo?
您知道去那边的路吗? ★길: 路

17 기사님 길을 **돌아서 가**시는 것 같아요.
kisanim kireul toraseo kasineun geot kattayo.
司机先生, 你似乎绕远路了。 ★돌아서 가다: 绕路

18 기사님 **가까운** 길로 가 주세요.
kisanim kggaun gillo ka juseyo.
司机先生, 请抄近路。 ★가깝다: 近

19 오만 원짜리 **지폐**만 있는데요. **거스름돈** 있나요?
oman wonjjari jippyeman inneundeyo. keoseureum don innayo?
我只有五万元纸币, 请问有零钱吗? ★지폐: 纸币 ★거스름돈: 零钱

20 **압구정**까지 얼마나 걸려요?
apggujeongggaji eolmana keollyeoyo?
到狎鸥亭大概要开多久呢? ★압구정: 狎鸥亭

Chapter 4

21 몇 호선 탈까요?
myeo ttoseon ttalggayo?
我要搭哪条线的地铁呢? ★몇：几 호선：号线

22 지하철 노선도 어디서 볼 수 있어요?
jihacheol loseondo eodiseo pol ssu isseoyo?
请问在哪里可以看到地铁路线图呢? ★지하철：地铁 노선도：路线图

23 시청역까지 요금이 얼마예요?
sicheongyeokggaji yogeumi eolmayeyo?
请问到市厅站要多少车费呢? ★시청역：市厅站

24 다른 호선으로 갈아타야 돼요?
tareun hoseoneuro karattaya dwaeyo?
我们需要转其他线吗? ★갈아타다：转乘

25 지하철 어떻게 타는지 몰라요.
jihacheol eoddeokke ttaneunji mollayo.
我不知道该怎么乘坐地铁。 ★모르다：不知道

26 여기서 가까운 지하철역이 어디예요?
yeogiseo kaggaun jihacheolyeogi eodiyeyo?
请问最近的地铁站在哪里? ★지하철역：地铁站

27 4(사) 호선이 남대문시장에 가요?
sahoseoni namdaemunsijange gayo?
请问四号线到南大门市场吗? ★남대문시장：南大门市场

28 열차가 2(이) 분 정도 후에 올 거예요.
yeolchaga ibun jeongdo hue ol ggeoyeyo.
地铁列车大约两分钟后就会进站。 ★열차：列车

29 저기요. 티머니카드가 고장났어요. 안 나왔어요.
jeogiyo ttimeonikkadeuga kojang nasseoyo. an nawasseoyo.
你好。T-MONEY 卡坏了。没有从出票口出来。 ★티머니카드：T-MONEY 卡
고장나다：故障

30 얼마짜리 충전하면 될까요?
eolmajjari chungjeonhamyeon doelggayo?
应该要储值多少呢? ★충전하다：储值

31 인사동에 가고 싶은데요. 어디서 내려야 돼요?
insadone kago sippeundeyo. eodiseo naeryeoya dwaeyo?
我想去仁寺洞。应该在哪里下车呢?　★내리다：下车

32 전철이나 버스를 타면 어느 게 제일 빨라요?
jeoncheorina beseureul ttamyeon eoneu ge jeil bballayo?
坐地铁或巴士，哪个最快呢?　★제일：最

33 이번 열차 놓쳤어요.
ibeon yeolcha nochyeosseoyo.
我们错过这列车了。　★놓치다：错过

34 노선도 보여 주세요. 지금 어디에 있는지 좀 봐요.
noseondo poyeo juseyo. jigeum eodie inneunji jom bwayo.
请给我看一下地铁图，看看我们现在在哪里。　★지금：现在

35 티머니카드 금액수가 다 떨어졌어요.
ttimeonikkadeu keumaekssuga ta ddeoreojyeosseoyo.
T-MONEY 储值卡额度已经用完了。　★금액수：额度

36 정류장 더 몇 개 타야 돼요?
jeongnyujang teo myeot ggae ttaya dwaeyo?
我们还要再坐几站呢?　★정류장：车站

37 한국 지하철 안에는 음식 먹어도 돼요.
hanguk jihacheol aneneun eumsing meogeodo twaeyo.
韩国地铁内可以饮食。　★음식：食物

38 첫차는 몇 시예요?
cheotchaneun myeot ssiyeyo?
请问地铁首班车几点开始发车?　★첫차：首班车

39 막차는 몇 시에 출발해요.
makchaneun myeot ssie chulbalhaeyo?
请问地铁的末班车是几点呢?　★막차：末班车

40 한국 지하철하고 중국 지하철은 어떤 차이점이 있어요?
hanguk jihacheolhago junggu jihacheoreun eoddeon chaijeomi isseoyo?
韩国的地铁和中国的地铁有什么不一样呢?　★차이점：差异处

搭市区巴士

41 버스를 타야 해요.
peoseureul ttaya haeyo.
我得坐公交车。 ★버스：公交车

42 가장 가까운 버스 정류장이 어디예요？
kajang kaggaun beoseu jeongnyujangi eodiyeyo?
请问最近的公车站在哪里呢？ ★가깝다：近

43 어디서 7212(칠천이백십이) 번 버스 탈 수 있어요？
eodiseo chircheonibaekssibibeon beoseu ttal ssu isseoyo?
我可以在哪里乘坐 7212 号公交车呢？

44 여기 정류장에서 7212(칠천이백십이) 번 버스를 탈 수 있나요？
yeogi jeongnyujangeseo chircheonibaekssibibeon beoseureul ttal ssu innayo?
请问在这个站可以坐 7212 号公交车吗？

45 이 버스는 올림픽체육관에 가요？
i beoseuneun ollimppikcheyukggwane kayo?
这路公交车到奥运体育馆吗？ ★올림픽체육관：奥运体育馆

46 이번 정류장은 어디예요？
ibeon jeongnyujangeun eodiyeyo?
请问这是哪一站呢？

47 7212(칠천이백십이) 번 버스를 기다리고 있어요.
chircheonibaekssibibeon beoseureul kidarigo isseoyo.
我正在等 7212 号公交车。 ★기다리다：等待

48 버스는 얼마 후에 오나요？
peoseuneun eolma hue onayo?
请问公交车哪会儿来呢？ ★얼마：多少

49 이 버스는 20(이십) 분 간격마다 올 거예요.
i beoseuneun isipbbun kangyeokmada ol ggeoyeyo.
这班公交车大约每二十分钟来一班。 ★간격：间隔

50 다 왔어요. 내릴게요.
ta wasseoyo. naerilggeyo.
我到了，我先下车！

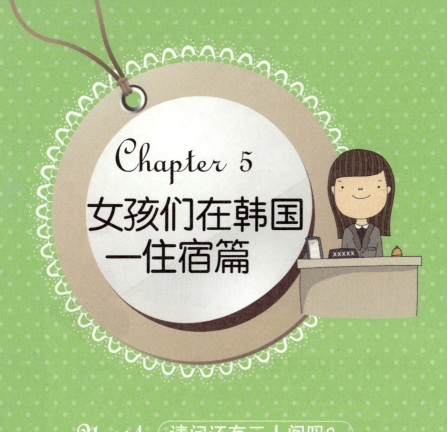

Chapter 5
女孩们在韩国
—住宿篇

Unit 1 请问还有三人间吗?

Unit 2 冰箱内的饮料可以喝吗?

Unit 3 洗衣机该如何使用?

Unit 4 马桶坏了,请来修理

〔女孩们的应急韩语〕住宿篇

来韩国旅行可以选择各种各样的住宿形式，不论是商务酒店、公寓式旅馆、特色旅馆，还是平价民宿，都可以满足大家的需求。

很多女孩们较喜欢住在房间内有洗衣机和料理台的公寓式旅馆，因为这样可以少带一些衣服，把行李箱空出来扫货。除此之外，晚上还可以去超市买些东西回来煮！

Unit 1 请问还有三人间吗?

MP3 05-01

제니퍼 / Jenippeo / 珍妮弗
10(시)월 1(일)일부터 10(시)월 3(삼)일까지 3(삼)인룸이 있을까요?
siwol irilbutteo siwol samilggaji saminnumi isseulggayo?
十月一日到十月三日有三人间吗?

可替换:
- 싱글룸 单人间
- 트윈룸 双人间

프론트 데스크 / ppeurontteu deseukkeu / 柜台
예, 있습니다. 이틀 동안 머무르실 거예요?
ye, itsseumnida. itteul dongan meomureusil ggeoyeyo?
是的,有房间。您要停留两天吗?

可替换:
- 삼일 三日
- 일주일 一周

정이 / jeongi / 静怡
네, 그래요. 예약해 주세요.
ne, keuraeyo. yeyakkae juseyo.
是,没错。请帮我预约。

지금 룸안에서도 와이파이 쓸 수 있을까요?
jigeum rumaneseodo waippi sseul ssu isseulggayo?
现在房内的 WiFi 可以用吗?

可替换:
- 계실 (kesil) 待……
- 숙박하실 入住

프론트 데스크 / ppeurontteu deseukkeu / 柜台
인터넷 와이파이는 별도로 24(이십사) 시간당 요금 2 만 원입니다.
inteonet waippaineun pyeolddoro isipssasigandang yogeum iman wonimnida.
Wi-Fi 要另外计费,每二十四小时费用是两万韩元。

可替换:
- 1(한) 시간당 每一小时
- 하루당 每一天

물론 객실내에서도 사용 가능합니다.
mullon kaekssillaeeseodo sayong kneunghamnida.
当然在房内也可使用。

제니퍼 / jenippeo / 珍妮弗
그리고 오늘 창 있는 방으로 바꿀 수 있을까요?
keurigo oneul chang inneun bangeuro paggul ssu isseulggayo?
还有,今天可以换有窗的房间吗?

프론트 데스크 / ppeurontteu deseukkeu / 柜台
죄송한데 지금 창 있는 방은 없습니다.
joesonghande jigeum chang inneun pangeun eopsseumnida.
很抱歉,现在没有有窗的房间。

★ 观光小常识
建议女孩们来韩国时可租用机场 KTF、SK 等韩国电信公司提供的 Wi-Fi 分享器,一台机器可分享给约五个人或五个手机、电脑使用。通常租用一天的费用约为八千韩元(约人民币 48 元),甚至可提前在一些优惠网站先打印折扣券,这样一天只需五千韩元(约人民币 30 元)。

Chapter 5

这些单词一定要学会

프론트 데스크 ppeurontteu deseukkeu 名 饭店柜台	이틀 itteul 名 两天	머무르다 meomureuda 动 停留	예약하다 yeyakkada 动 预约
인터넷 intteonet 名 网络	별도 pyeolddo 名 另外	요금 yogeum 名 费用	물론 mullon 副 当然、不用说
객실 kaekssil 名 客厅	사용하다 sayonghada 动 使用	가능하다 kaneunghada 形 可能	바꾸다 pagguda 动 换

补充 **와이파이** waippi 名 无线网络
　　 죄송하다 choesonghada 形 非常抱歉

女孩们的韩文文法笔记

1 …부터…까지　从……到……（时间）为止

接于时间名词之后，不论有无收音都可，表示从什么时候到什么时候为止。

 2(두) 시부터 3(세) 시까지 회의가 있어요.
tusibutteo sesiggaji hoeiga isseoyo.
从两点到三点有会议。

월요일부터 금요일까지 일합니다.
woryoilbutteo keumyoilggaji iramnida.
从星期一到星期五上班。

2 动词＋ㄹ/을까요？　……吗？

放在动词后面，无收音加"ㄹ까요？"。若有收音则加上"을까요？"表示询问对方意见或邀请一起做什么事情。

例 이번 주말에 뭐 할까요?
ibeon jumare mwo halggayo?
这周末要做什么呢?

女孩们的韩文文法笔记

시간이 있으면 같이 영화 보러 갈까요 ?
sigani isseumyeon kachi yeonghwa boeo galggayo?
如果有时间的话，要一起去看电影吗？

3 动词、形容词 + ㄹ/을 거예요． 可能……，要……

放在动词或形容词之后（看有无收音），除了有推测的意思外，还表示个人有强烈意愿要做某事。

 올해 여름에 더 더울 거예요．
orae yeoreume teo teoul ggeoyeyo.
今年夏天应该更热。

내년에 꼭 한국으로 유학하러 갈 거예요．
naenyeone ggok hangugeuro yuhakkareo gal ggeoyeyo.
明年一定要去韩国留学。

4 动词 + ㄹ/을 수 있다/없다． 会、可以……/不会、不可以……

放在动词后面（看有无收音），表示能力或可能性，若加上"ㄹ/을 수 없다．"则为相反意思，表示"不会、不可以"。

 모든 일을 할 수 있어요．
modeun ireul hal ssu isseoyo.
我什么事情都会做。

지금 밥 먹을 수 없어요 ?
jigeum pam meogeul ssu eopsseoyo?
现在不可以吃饭吗？

冰箱内的饮料可以喝吗？

정이 여보세요. 말씀 좀 묻겠는데요.
jeongi　yeoboseyo. malsseum jom mutggenneundeyo.
静怡　喂（电话中），请问一下。

냉장고 안에 음료수 마셔도 되나요?
naengjanggo ane eumnyosu masyeodo doenayo?
冰箱内的饮料可以喝吗？

可转换：
▸ 콜라　可乐
▸ 맥주　啤酒

교환 손님, 그건 냉장고 위에 있는 가격표대로 별도 계산해야 됩니다.
kyohwan　sonnim, keugeon naengjanggo wie inneun kagyeokppyodaero pyeolddo kyesanaeya doemnida.
总机　客人，那个必须按照冰箱上面的价格表来算账。

정이 네, 감사합니다.
jeongi　ne, kamsahamnida.
静怡　好，谢谢。

아, 내일 아침 6(여섯)시에 모닝콜 해 주세요.
a, naeir achim yeoseotssie moningkkol hae juseyo.
啊，明天早上六点请打电话叫我起床。

그리고 방 깨끗하게 청소해 주시고 타월 큰 거 좀 바꿔 주세요.
keurigo pang ggaeggeuttage cheongsohae jusigo ttwol kkeun geo jom paggwo juseyo.
还有房间请打扫干净，另外请给我一条大的毛巾。

교환 네, 알겠습니다. 꼭 해 드리겠습니다.
kyohwn　ne, algetsseumnida. ggok hae deurigetsseumnida.
总机　好的，我知道了。一定为您打扫。

★ 观光小常识

入住韩国的旅馆时，一定要自备牙刷。许多酒店除了毛巾、沐浴乳和洗发水外，都不会免费提供一次性物品。房间里有牙刷，但是得另外付费，定价也绝对比外面贵，因此最好是自己带过去，或者是在当地的7-11便利商店买来使用。

这些单词一定要学会

여보세요 yeoboseyo 动 喂（电话用语）	말씀 malsseum 名 话（말的敬语）	묻다 mutdda 动 问	냉장고 naengjanggo 名 电冰箱
음료수 eumnyosu 名 饮料	마시다 masida 动 喝	손님 sonnim 名 客人	가격표 kagyeokppyo 名 价格表
계산하다 kyesanhada 动 计算	모닝콜 moningkkol 名 叫醒电话	깨끗하게 ggaeggeuttage 副 干净地	타월 ttawol 名 毛巾

女孩们的韩语语法笔记

1 名词＋대로　按照……

前面名词不分有无收音都可加，表示依照、按照什么指示、命令来做什么事。

例 **마음대로 하세요. 괜찮아요.**
maeumdaero haseyo. kwaenchanayo.
请按照你的意思去做，没关系。

선생님의 말씀대로 합시다.
seonsaengnime malsseumdaero hapssida.
我们依照老师的话去做吧！

2 动词＋아야/어야/해야 되다　应该要……一定要……

动词后面加上"아야/어야/여야 되다"，表示应该要、一定要做什么事。

例 **몸이 아파서 약을 먹어야 돼요.**
momi appaseo yageul meogeoya dwaeyo.
身体不适应该吃药。

출국하기 전에 친구를 만나야 돼요.
churgukkagi jeone chingureul mannaya dwaeyo.
出国前一定要见见朋友。

女孩们的韩语语法笔记

3 动词+는 ……的

动词不论有无收音，加上"**는**"就是现在时冠型词型，也就是"……的"意思。

例 지금 먹는 빵이 너무 비싸요.
jigeum meongneun bbangi neomu pissayo.
现在吃的面包太贵了。

早餐一定要吃饱，才有力气开始一天的行程！

Unit 3 洗衣机该如何使用?

제니퍼 / jenippeo / 珍妮弗
방이 좀 더워서 이 에어컨을 사용하려고 하는데 어떻게 써요?
pangi jom teowoseo i eeokkeoneul sayongharyego haneunde eoddeokke sseoyo?
房间有点热，想要用空调，该怎么使用呢?

可替换:
- 선풍기 电风扇
- 정수기 饮水机

게스트 하우스 주인 / keseutteu hauseu juin / 民宿老板
네, 잠시만요. 곧 가르쳐 드리겠어요.
ne, jamsimanyo. kot kreuchyeo deurigesseoyo.
好的, 请稍等一下。立刻教您。

이 리모콘의 전원 버튼을 먼저 누르시고
i rimokkone jeonwon beotteul meonjeo nureusigo.
请先按下这遥控器电源键,

자기가 원하시는 온도조절 누르면 됩니다.
jagia wonhasineun ondojojeol nureumyeon doemnida.
然后自己想要的温度按调节键即可。

제니퍼 / jenippeo / 珍妮弗
네, 감사합니다.
ne, kamsahamnida.
好的，谢谢。

可替换:
- 잠깐만 기다리세요 请稍等
- 잠깐만요 请稍等

****

정이 / jeongi / 静怡
이 세탁기의 사용법을 가르쳐 주시겠어요?
i settakggie sayongbeobeul kareuchyeo jusigesseoyo?
可以告诉我这洗衣机的使用方法吗？

게스트 하우스 주인 / keseutteu hauseu juin / 民宿老板
먼저 세제를 넣으시고 전원 버튼을 누르십시오.
meonjeo sejereul neoeusigo jeonwon beotteuneneul nureusipssio.
请先放进洗衣液, 再按电源键。

그 다음에 코스를 선택하고 동작을 누르면 됩니다.
keu daeume kkoseureul seonttaekkago tongjageul nureumyeon doemnida.
之后再选择洗涤模式后按下动作键即可。

정이 / jeongi / 静怡
예, 알겠습니다. 수고하세요.
ye, algetsseumnida. sugohaseyo.
好, 我知道了。辛苦你了。

这些单词一定要学会

韩语	罗马音	词性	中文
게스트 하우스	keseutteu hauseu	名	民宿
에어컨	eeokkeon	名	冷气机、空调
어떻게	eoddeokke	副	怎么样
가르치다	kareuchida	动	教
리모콘	rimokkon	名	遥控器
전원	jeonwon	名	电源
버튼	peotteun	名	按键
누르다	nureuda	动	按
선택하다	seonttaekkada	动	选择
동작	tondjak	名	动作
원하다	wonhada	动	愿意
온도조절	ondojojeol	名	温度调节
세탁기	settakggi	名	洗衣机
사용법	sayongbeop	名	使用方法
세제	seje	名	洗衣液
넣다	neotta	动	放入

补充 | 코스 kkoseu 名 模式、过程

女孩们的韩语语法笔记

1. 动词+려고/으려고 하다/가다　想要……/想去……

动词后面加上"려고/으려고 하다",表示意图想要或计划做什么事。

例 김치찌개를 먹으려고 식당에 가요.
kimchijjigaereul meogeuryeogo sikddange gayo.
想去餐厅吃泡菜锅。

먼 곳에 가려고 하지 않아요.
meon gose karyeogo haji anayo.
不想去远的地方。

2. 动词+는데

动词后面加上"는데",表示叙述说明或对事情表示肯定。

例 케이크를 만들려고 하는데 생크림을 많이 샀어요.
kkeikkeureul mandeullyeogo haneunde saengkkeurimeul mani sasseoyo.
想要做蛋糕,买了许多鲜奶油。

음식을 많이 먹었는데 아직 배 고파요.
eumsigeul mani meogeonneunde ajik pae goppayo.
虽然吃了很多东西,但仍然很饿。

Unit 4 马桶坏了，请来修理

미미	306(삼공육) 호실의 변기가 고장났는데요. 물이 안 내려가요.
mimi	samgongnyukkosire pyeongiga kojangnanneundeyo. muri an naeryeogayo.
美美	306号房的马桶出故障了。水流不下来。

호텔 직원	그렇습니까? 수리 직원을 불러서 처리해 드리겠습니다.
hottel jigwon	keureosseumnigga? suri jigwoneul purreoseo cheorihae deurigetsseumnida.
旅馆职员	是吗？我会叫修理员为您处理。

미미	그리고 뜨거운 물을 좀 가져다 주세요.
mimi	keurigo ddeugeoun muri jom kajyeoda juseyo.
美美	还有请帮我带些开水来。

可替换：
- 찬　冷的
- 시원한　冷的

호텔 직원	네, 가져다 드리겠습니다.
hottel jigwon	ne, kajyeoda deurigetsseumnida.
旅馆职员	好，为您带过去。

미미	220(이백이십) 볼트용 변압기 빌려 주실래요?
mimi	ibaegisip bboltteuyong pyeonapggi pillyeo jusillaeyo.
美美	可以借给我两百二十伏特的变压器吗？

호텔 직원	네, 대여금 1000(천) 원 주시면 갖다 드리겠습니다.
hottel jigwon	ne, taeyeogeum cheonwon jusimyeon katdda deurigetsseumnida.
旅馆职员	好的，请付租赁费一千韩元，将为您带过去。

韩国的电压是两百二十伏特，跟中国的一样。因此到了旅馆，如果你有使用一百一十伏的电器可以跟柜台借变压器电源插头，通常在一般旅馆或民宿，只要付一千韩元（约人民币六元）押金就可以租借，退房时再还给柜台，便能收回押金。

这些单词一定要学会

변기 pyeongi 名 马桶	고장나다 kojangnada 动 故障、坏了	수리직원 surijigwon 名 修理员	부르다 pureuda 动 叫
처리하다 cheorihada 动 处理	그리고 keurigo 副 还有、又	뜨겁다 tteugeopdda 形 热、烫	가지다 kajida 动 带
볼트 poltteu 名 伏特	변압기 pyeoapggi 名 变压器	빌리다 pillida 动 借	대여금 taeyeogeum 名 租金

女孩们的韩语语法笔记

1 动词+아서/어서/여서 因为……所以

"아서/어서/여서"放在动词后面，表示事情发生的时间顺序或原因。

 어제 배가 아파서 병원에 갔어요.
eoje paega appaseo pyeongwone gasseoyo.
昨天因为肚子痛去了医院。

집에 가서 텔레비전을 봤어요.
jibe gaseo ttellebijeoneul bwasseoyo.
回到家里看电视。

2 动词+ㄹ/을래요 想要……

属于比较亲密的口语。跟对方比较熟悉或想装熟时，可用"ㄹ/을래요"；放在动词后面的疑问句中时，有征询对方意见的用法；用于肯定句时表示自己的想法。

例 오늘 저녁에 영화 볼래요?
oneul jeonyeoge yeonghwa pollaeyo?
今晚想要看电影吗?

나는 중국식당에서 볶음밥을 먹을래요.
naneun junggukssikddangeseo poggeumbabeul meogeullaeyo.
我想在中国餐厅吃炒饭。

73

哈韩女孩小笔记——

饭店相关单词

韩国的住宿费用并不便宜,如果想要住比较好的星级饭店,不花个人民币五六百元以上是不可能的。但是住太便宜的民宿,设备比较简陋,又会觉得很吵。所以最好可以找一些朋友一起去旅行,共同分担住宿费用。韩国饭店的相关用语及单词包含许多外来语或汉字音的单词,并不难学!

안전금고 anjeongeumgo 名 保险箱	다리미 tarimi 名 熨斗	난방시설 nanbangsiseol 名 暖气	욕조 yokjjo 名 浴缸
헤어드라이어 heeodeuraieo 名 吹风机	욕실용품 yukssilyongppum 名 盥洗用品	슬리퍼 seullippeo 名 拖鞋	라디오 radio 名 收音机
위성채널 wiseongchaeneol 名 卫星频道	냉장고 naengjanggo 名 冰箱	전기주전자 jeongijujeonja 名 电热水壶	알람시계 allamsigye 名 闹钟

下一站,要去哪里呢?

女孩们的应急韩语 住宿篇

预约订房

1 지난 화요일에 인터넷으로 예약했어요.
jinan hwayoire intteoneseuro yeyakkaesseoyo.
上周二已经在网上订房了。
★화요일：周二　인터넷：网络

2 내년 초 방을 전화로 미리 예약할 수 있나요?
naenyeon cho pangeul jeonhwaro miri yeyakkal ssu innayo?
明年年初的房间可以电话预订吗？
★미리：先　예약하다：预订

3 8(팔)월 9(구)일에 싱글룸 두 개 예약해 주세요.
pparwol guire singgeullum du gae yeyakkae juseyo.
请帮我订八月九日单人间两间。
★싱글룸：单人房

4 9(구)월 10(십)일에 트윈룸 빈방이 있습니까?
kuwol sibire tteuwinrum pinbangi itsseumnigga?
九月十日双人间（两张单人床）有空房吗？
★트윈룸：双人房　빈방：空房

5 오늘 밤 11(열한)시쯤 호텔에서 체크인 해도 돼요?
oneul bam yeolhan sijjeum hottereseo chekkeuin haedo dwaeyo?
今夜十一点左右，旅馆可以办住房登记吗？
★체크인：住房登记

6 8(팔)월 9(구)일부터 8(팔)월 14(십사)일까지 더블룸을 예약할게요.
pparwol guilbutteo pparwol sipssailggaji teobeullumeul yeyakkalggeyo.
我要预约八月九日到八月十四日的双人间（一张双人床）。
★더블룸：双人房

7 더블룸 안에 냉장고하고 오디오가 있습니까?
teobeullum ane naengjanggohago odioga itsseumnigga?
双人间（一张双人床）里面有冰箱和音响吗？
★냉장고：冰箱　오디오：音响

8 전망 좋고 창 있는 방 주세요.
jeonmang jokko chang inneun bang juseyo.
请给我视野好、有窗户的房间。
★전망：视野　창：窗

9 하루에 5(오)만 원 방이 있나요?
harue oman won bangi innayo?
你们有一天五万元（韩元）的房间吗？
★하루：一天

10 우리는 3(세)명인데 트윈룸에 묵을 수 있어요?
urineun semyeoninde tteuwinrume mugeul ssu isseoyo?
我们一共有三位，可以住双人间（两张单人床）吗？
★묵다：住

Chapter 5

75

11 주말에는 저렴한 싱글룸이 있어요?
jumareneun jeoryeomhan singgeullumi isseoyo?
周末有价格比较低的单人房吗?   ★주말: 周末   저렴하다: 低价的

12 며칠 더 묵으면 좀 더 싸게 안 돼요?
myeochil deo mugeumyeon jom deo ssage an dwaeyo?
多住几天可以再算便宜点吗?   ★며칠: 几天   싸게: 便宜

13 방 예약 취소하려면 벌금이 있어요?
pang yeyak chwisoharyeomyeon peolgeumi isseoyo?
想取消订房会有违约金吗?   ★취소하다: 取消   벌금: 违约金

14 예약 취소하면 얼마 전에 해야 돼요?
yeyak chwisohamyeon eolma jeone haeya dwaeyo?
取消订房必须提前多久才可以呢?   ★얼마전: 提前多久

15 식구들이 같이 묵을 수 있는 큰방 있나요?
sikggudeuri kachi mugeul ssu inneun kkeunbang innayo?
有可以和家人一起住的大房间吗?   ★식구: 家人   큰방: 大房间

● 住房登记

16 안녕하세요. 대만 사람 진미미인데요. 체크인 해 주세요.
annyeonghaseyo. taeman saram jinmimiindeyo. chekkeuin hae juseyo.
你好。我是陈美美。请帮我办住房登记。

17 아, 한 명 더 추가했는데 트리플룸으로 바꿔 줄 수 있나요?
a, han myeong deo chugahaenneunde tteurippeullumeuro paggwo jul ssu innayo?
啊,我们要加一个人,可以帮我换三人间吗?   ★추가하다: 增加
트리플룸: 三人间

18 방의 크기가 대략 얼마 정도 되는지요? 한번 보여 주시겠어요?
pange kkeugiga taeryak eolma jeongdo downeunjiyo? hanbeon poyeo jusigesseoyo?
房间面积大概多大呢?可以给我们看一下吗?   ★크기: 面积

19 방이 괜찮은데 요금이 얼마예요?
pangi kwaenchaneunde yogeumi eolmayeyo?
房间还不错,房费多少呢?   ★요금: 费用

20 아침 식사하고 세금、팁 등의 비용이 다 포함되어 있어요?
achim sikssahago segeum、ttip ddeunge biyongi ta ppohamdoeeo isseoyo?
房费包含早餐、税金、小费等费用吗?   ★세금: 税金   팁: 小费

21 모두 몇 분이세요? 여권을 먼저 보여 주세요.
modu myeot bbuniseyo? yeogwoneul meonjeo poyeo juseyo.
一共是几位呢？请先给我看护照。 ★여권：护照

22 이건 호텔 명함인데 주소 모르시면 택시 기사한테 보여 주세요.
igeon hottel myeonghaminde juso moreusimyeon ttaekssi kisahantte poyeo juseyo.
这是饭店名片，如不知道地址可以给司机先生看。 ★명함：名片

23 몇 시에 방에 들어갈 수 있어요?
myeot ssie pange teureogal ssu isseoyo?
几点可以入住房间呢？ ★들어가다：进入

24 방 냉장고 안에 있는 콜라, 사이다도 계산해야 돼요?
pang naengjanggo ane inneun kkolla、saidado kesanhaeya dwaeyo?
房间冰箱内的可乐、汽水也要收费吗？ ★콜라：可乐　사이다：汽水

25 예약 확인서 안 갖고 왔는데 체크인하면 괜찮을까요?
yeyak hwaginseo an katgo wanneunde chekkeuinhamyeon kwaechneulggayo?
没带预约确认单来可以办理住房登记吗？ ★확인서：确认单

26 우리 3(세) 명의 여권으로 다 체크인 돼요?
uri semyeonge yeogwoneuro ta chekkeuin dwaeyo?
需要我们三位的护照办理住房登记吗？ ★다：全部

27 앞으로 호텔로 직접 예약하면 디스카운트 있나요?
appeuro hottello jikjjeop yeyakkamyeon tiseukkauntteu innayo?
以后直接预约订房会有折扣吗？ ★직접：直接

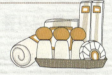

28 갑자기 일이 생겼어요. 하루밤 더 묵어도 돼요?
kapjjagi iri saenggyeosseoyo. harubam deo mugeodo dwaeyo?
忽然有事情，可以再多住一晚吗？ ★생기다：发生　하루밤：一夜

29 한국 친구 찾으러 왔어요. 하루밤 묵을 수 있을까요?
hanguk chingu chajeureo wasseoyo. harubam mugeul ssu isseulggayo?
韩国朋友来访。可以住一晚吗？ ★찾다：找

30 국제전화를 하면 비용이 체크아웃 때 계산해도 되죠?
kukjjejonhwareul hamyeon piyongi chekkeuaut ddae kyesanhaedo doejyo?
打国际电话的费用是在退房时付吗？ ★국제전화：国际电话

客房服务

31 키를 방에 두고 나왔어요. 예비키 좀 빌려 줄 수 있어요?
kkireul pange dugo nawasseoyo, yebikki jom pillyeo jul ssu isseoyo?
钥匙放在房内。可以借给我备用钥匙吗?
★예비키: 备用钥匙　빌리다: 借

32 프런트 데스크에서 저 대신 소포 받아 주세요.
ppeureontteun deseukkeueseo jeo taesin soppo pada juseyo.
请柜台代我收包裹。
★대신: 代替　소포: 包裹

33 여기 아줌마가 매일 방 청소 해 줄까요?
yeogi ajummaga maeil pang cheongso hae julggayo?
这里的阿姨每天会清扫吗?
★아줌마: 大婶、阿姨

34 에어컨 어떻게 쓰는지 가르쳐 주세요.
eeokkeon eoddeokke sseuneunji kareuchyeo juseyo?
请教我怎么使用冷气。
★에어컨: 冷气　가르치다: 教

35 내일 아침 6(여섯) 시반에 모닝콜을 좀 부탁합니다.
naeil achim yeoseotssibane moningkkoreul jom puttakkamnida.
明天早上六点半请给我叫醒服务。
★모닝콜: 叫醒服务

36 옆 방 손님들이 밤 늦게까지 시끄러우니 처리해 주세요.
yeop bbang sonnimdeuri pam neutggeggaji siggeureouni cheorihae juseyo.
隔壁客人直到深夜都很吵闹,可以处理一下吗?
★손님: 客人

37 방 열쇠를 밖에서 잃어버렸어요. 어떻게 하죠?
pang yeolsoereul paggeseo ireobeoryeosseoyo. eoddeokke hajyo?
房间钥匙在外面丢了,该怎么办呢?
★열쇠: 钥匙　잃어버리다: 遗失

38 아침식사가 방으로 룸서비스 해 줘요?
achimsikssaga pangeuro rumseobiseu hae jwoyo?
早餐可以帮我叫客房服务吗?
★룸서비스: 客房服务

39 작은 침대를 하나 더 주시면 가능합니까?
jageun chimdaereul hana deo jusimyeon kaneunghamnigga?
可以再给我们一张小床吗?
★침대: 床

40 이불이 얇은데 하나 더 주시면 돼요?
iburi yelbeunde hana deo jusimyeon dwaeyo?
棉被有点薄,可以再给我们一条吗?
★이불: 棉被　얇다: 薄

41 **샴푸**가 다 **떨어졌**는데 한 병 더 가져오세요.
syamppuga ta ddeoreojeonneunde han byeong deo kajyeooseyo.
洗发液都没了，请带一瓶过来。　★**샴푸**：洗发液　**떨어지다**：用完

42 여기 룸서비스는 팁 **따로** 줄까요?
yeogi rumseobiseuneun ttip ddaro julggayo?
这里的客房服务要另外给小费吗？　★**따로**：另外

43 방에 두고 나온 **노트북**을 잃어버렸어요. **경찰** 좀 불러 주세요.
pange dugo naon notteubugeul ireobeoryeosseoyo. keyongchal jom pulleo juseyo.
放在房内的笔记本电脑不见了。请帮我叫警察。　★**노트북**：笔记本电脑　**경찰**：警察

44 **수돗물**을 직접 마셔도 될까요?
sudonmureul jikjjeop masyeodo doelggayo?
自来水可以直接喝吗？　★**수돗물**：自来水

45 **수건** 큰 것 두 장 더 주세요.
sugeon kkeun geon tu jang deo juseyo.
请再给我两条大毛巾。　★**수건**：毛巾

退房事宜

46 여기요. **체크아웃** 좀 해 주세요.
yeogiyo. chekkeuaut jom hae juseyo.
你好。请帮我办理退房。　★**체크아웃**：退房

47 키 **가지고** 거기 프런트에 체크아웃 하면 돼요.
kki kajigo keogi ppeureontteue chekkeuaut hamyeon dwaeyo.
请带着钥匙到那边的柜台办理退房。　★**가지다**：带

48 체크아웃 할 때 **여권**도 **필요할**까요?
chekkeuaut hal ddae yeogwondo ppiryohalggyo?
办理退房时也需要护照吗？　★**여권**：护照　**필요하다**：需要

49 이건 **무슨 비용**인가요? 3(삼)만 5(오) 천 원 이거요.
igeon museum biyongingayo? samman ocheon won igeoyo.
这是什么费用呢？这个三万五千元（韩币）。　★**무슨**：什么　**비용**：费用

50 그건 **잘못** 계산했나 봐요. 아닌가요?
keugeon jalmot ggyesanhaenna bwayo. aningayo?
这个好像算错了。不是这样吧？　★**잘못**：错误

51 룸서비스 시킨 적이 없는데 이 금액이 뭐예요 ?
rumseobiseu sikkin jeogi eomneunde I geumaegi mwoyeyo?
我没叫客房服务，这笔费用是什么呢？ ★시키다: 叫

52 아, 국제 전화하고 시내 전화 요금인데요 .
a, kukjje jeonhwahago sinae jeonhwa yogeumindeyo.
啊，是国际电话与市区电话费。 ★시내전화: 市区电话

53 룸서비스하고 전화요금 내역서 뽑아 주세요 .
rumseobiseuhago jeonhwayogeum naeyeoksseo bboba juseyo.
请帮我打印客房服务和电话费用明细表。 ★내역서: 明细表

54 11(열한) 시 반에 제 짐을 프런트 앞에 가져다 주세요 .
yeolhansi bane je jimeul ppeureontteu appe kajyeoda juseyo.
十一点半请把我的行李提到柜台前。 ★짐: 行李

55 방 요금은 외국 비자 카드로 낼 수 있죠 ? 여행자 수표도 될까요 ?
pang yogeumeun oeguk pija kkadeuro nael ssu itjjyo? yeohaengja suppyodo doelggayo?
房费可以用外国 VISA 卡支付吗？旅行支票也可以吗？ ★비자 카드: VISA 卡

56 인터넷으로 보증금 삼만원 냈어요 . 십만원을 더 내면 되죠 ?
intteoneseuro pojeunggeum sammanwon naesseoyo. simmanwoneul teo naemyeon doejyo.
我网上支付了三万元（韩元）保证金。再付十万元（韩元）就可以了吧？ ★보증금: 保证金

57 점심에 중요한 회의가 있어서 오후 2 시까지 체크아웃 해도 될까요 ?
jeomsime jungyohan hoeiga isseoseo ohu tusiggaji chekkeuaut haedo doelggayo?
中午有重要的会议，下午两点再办退房可以吗？ ★회의: 会议

58 급한 일이 있어서 좀 늦게 체크아웃 하면 안 될까요 ?
keuppan iri isseoseo jom neutgge chekkeuaut hamyeon an doelggayo?
有紧急的事情，不可以晚点办退房吗？ ★급하다: 紧急的 늦게: 晚点

59 인천공항에 가는 리무진 정류장이 어디죠 ? 요금이 얼마죠 ?
incheongonghange kaneun rimujin jeongnyujangi eddijyo? yogeumi eolmajyo?
到仁川机场的机场巴士车站在哪呢？车费是多少呢？ ★리무진: 机场巴士 정류장: 车站

60 여기서 즐겁게 보냈어요 . 다음에 또 올게요 . 수고하세요 .
yeogiseo jeulgeopgge ponaesseoyo. taeume ddo olgeyo. sugohaseyo.
在这里过得很愉快。下次还会再来光顾。辛苦了。 ★즐겁게: 愉快地

Chapter 6
女孩们的美食盛宴—餐饮篇

Unit 1 请推荐好吃的韩国国民小吃

Unit 2 请打包一份蔬菜拌饭

Unit 3 鱿鱼盖饭请不要太辣

Unit 4 韩式炸鸡加啤酒

〔女孩们的应急韩语〕餐饮篇

女孩们，到韩国除了旅游、购物外，当然别忘了把握千载难逢的机会大吃韩国美食！

或许大家会担心，吃太多东西是不是会发胖。其实不用烦恼，因为 韩国美食除了重口味的烤肉和辣汤之外，大部分都是少油、清淡的。再加上到了韩国，几乎整天都会在外面步行，一定可以消化不少热量，所以多吃一点应该是可以的。除了去餐厅吃饭之外，别忘了也可以 在旅馆打电话叫外卖，外卖的炸鸡、炸酱面和糖醋肉都很好吃！

Unit 1 请推荐好吃的韩国国民小吃

06-01

점원 | 어서 오십시오. 무엇을 드시겠습니까?
jeomwon | eoseo osipssiyo. mueoseul teusigetsseumnigga?
店员 | 欢迎光临。要吃什么呢?

可替换:
▸ 잡수시겠습니까 吃
▸ 주문하시겠습니까 点

제니퍼 | 메뉴 좀 보여 주세요. 여기에 대표적인 한국 전통음식을 추천해 주시겠어요?
jenippeo | menyu jom poyeo juseyo. yeogie taeppyojeogin hankuk jjeonttongeumsigeul chucheonhae jusigesseoyo?
珍妮弗 | 请给我看菜单。请推荐这里最具代表性的韩国传统美食。

점원 | 삼계탕이나 삼겹살이 어떻습니까? 우리 집에서 제일 잘 나갑니다.
jeomwon | samgyeottangina samgyepssari eoddeosseumnigga? uri jibeseo jeil jal lagamnida.
店员 | 参鸡汤或五花肉如何呢?在我们店里最畅销。

可替换:
▸ 잘 파립니다 卖最好
▸ 최고 인기 人气最高

정이 | 정말이에요? 그럼 삼계탕하고 삼겹살 2(이) 인분 주세요.
jeongi | jeongmarieyo? keureom samgettanghago samgyepssal iinbun juseyo.
静怡 | 真的吗?那么请给我参鸡汤和五花肉两人份。

Chapter 6

★温馨小提醒

女孩们在韩国餐厅点餐时,除了"김치찌개(泡菜锅)""된장찌개(味增锅)""순두부찌개(豆腐锅)""삼계탕(参鸡汤)"等,可以单点一人一锅外,其他许多品项都必须以"人份"计算,例如"삼겹살(五花肉)""갈비(烤肉)""부대찌개(部队锅)",通常必须点两人份以上。

这些单词一定要学会

드시다 teusida 动 吃、喝的敬语	무엇 mueot 名 什么	메뉴 menyu 名 菜单	대표적 taeppyojeok 名 代表的
전통음식 jeonttongeumsik 名 传统美食	추천하다 chucheonhada 动 推荐	삼계탕 samgyettang 名 参鸡汤	삼겹살 samgyeopssal 名 五花肉、三层肉

补充 | 어떻다 eoddeotta 形 怎么样、如何 잘 나가다 jal lagada 动 畅销
     | 정말 jeongmal 名副 真实、事实、实话

女孩们的韩文文法笔记

1 名词+나/이나　或……

名词有无收音加上"나"或"이나",表示"或……"的意思。

例　산이나 바다가 다 좋아요.
sanina padaga ta joayo.
山或海都喜欢。

토요일이나 일요일에 영화를 볼까요?
ttoyoirina iryoire yeonghwareul bolggayo?
星期六或星期日要去看电影吗?

2 名词+은/는、이/가 어떻습니까　……如何呢?

名词有无收音分别接上主格助词"이/가",若要特别强调则接上"은/는",最后可以接上格式体"어떻습니까?"或非格式体"어때요?",表示询问别人怎么样或如何呢?

例　이 청바지가 어때요?
i cheongbajiga eoddaeyo?
这件牛仔裤怎么样呢?

오늘 날씨는 어떻습니까?
oneul lalssineun eoddeosseumnigga?
今天天气怎么样呢?

3 제일　最……

"제일"是副词或名词,有"第一、最"的意思,放在形容词前面,就变成副词"最……"。

例　내가 제일 나가.
naega jeil laga.
我最厉害。

그가 우리 반에서 제일 똑똑해요.
keuga uri baneseo jeil ddokddokkaeyo.
他在我们班上最聪明。

Unit 2 请打包一份蔬菜拌饭

MP3 06-02

| 미미
mimi
美美 | 아, 배가 진짜 많이 불렀군요.
a, paega jinjja mani pulleotggunyo.
啊，肚子真的好饱啊！ |

可替换：
- 고팠군요 饿啊
- 아팠군요 痛啊

| 미미 | 여기요! 더이상 못 먹겠는데 이 김밥하고 해물전 싸 주시겠어요?
yeogiyo. teoisang mot meoggenneunde i gimbappago haemuljeon ssa jusigesseoyo?
这里！再也吃不下东西，可以帮我把这紫菜饭卷和海鲜煎饼打包吗? |

可替换：
- 냉면 冷面
- 짜장면 炸酱面

| 점원
jeomwon
店员 | 네, 잘 포장해 드릴게요.
ne, jal ppojanghae deurilggeyo.
好，好好地给您打包。 |

| 미미
mimi
美美 | 제 친구는 채식주의자인데 고기 안 들어 있는 야채비빔밥 하나 싸 주세요.
je chinguneun chaesikjjuuijainde kogi an teureo inneun yachaebibimbbap hana ssa juseyo.
我朋友吃素，请帮我包一个没有放肉的蔬菜拌饭。 |

| 점원
jeomwon
店员 | 네, 알겠어요. 고추장 같이 넣어 드릴까요?
ne, allgesseoyo. kochujang gachi neoeo deurilggayo?
好，我知道了。辣椒酱要一起放吗? |

| 미미
mimi
美美 | 아니요. 밥하고 따로 싸 주시면 돼요.
aniyo. pappago ddaro ssa jusimyeon dwaeyo.
不，和饭另外包起来就好了。 |

Chapter 6

★温馨小提醒 Tips

在韩国要吃全素真的很困难，别以为看起来没有加肉的东西就是素的！韩国人吃素的观念是"不吃肉"，但"吃鱼"！吃全素的女孩们如果要去韩国旅行，最好能自备一些食物。

这些单词一定要学会

진짜 jinjja 名 真的、真品	많이 mani 副 很多的	부르다 pureuda 形 饱	김밥 kimbap 名 紫菜饭卷
해물전 haemuljeon 名 海鲜煎饼	채식주의자 chaesikjjuija 名 素食主义者	고기 kogi 名 肉	들어가다 teureogada 动 放入
야채비빔밥 yachaebibimbbap 名 蔬菜拌饭	고추장 kochujang 名 辣椒酱	따로 ddaro 副 另外	넣다 neotta 动 放

补充 | 더이상 teoisang 副 再也

女孩们的韩文文法笔记

1 动词/形容词+군요 ……啊

动词/形容词的语干加上"**군요**",动词原形+**는군요**/形容词原形或有时态+**군요**,表示对什么事物的感叹。

例 선생님께서 교실에 들어오셨군요.
seonsaengnimggeseo kyosire teureoosyeotggunyo.
老师进了教室。

신촌 팔색 삼겹살이 정말 맛있군요.
sinchon ppalsaek ssamgyepssari jeongmal masitggunyo.
新村八色五花肉真的好吃!

2 더이상… 再也……

副词"**더이상**"后面接否定,有"再也不要怎么样"的意思。

例 더이상 견딜 수 없어요.
teoisang kyendil ssu eopsseoyo.
再也不能忍受了。

그런 말을 듣고 더이상 보고 싶지 않아요.
keureon mareul deutggo teoisang pogo sipjj anayo.
听了那些话后再也不想见面了。

Unit 3 — 鱿鱼盖饭请不要太辣

미미 mimi 美美	여기 주문 좀 받으세요. yeogi jumun jom padeuseyo. 这边要点菜。	

부대찌개 2(이) 인분하고 오징어덮밥 하나 주세요.
pudaejjigae iinbunhago ojingeodeopbbap hana juseyo.
请给我部队锅两人份以及一份鱿鱼盖饭。

점원 / jeomwon / 店员
네, 조금만 기다려 주세요.
ne, jogeuman kidaryeo juseyo.
好的，请稍等一下。

미미 / mimi / 美美
죄송하지만 오징어덮밥 안 맵게 해 주세요.
choesonghajiman ojingeodeopbbap an maepgge hae juseyo.
抱歉，鱿鱼盖饭请给我做不辣的。

점원 / jeomwon / 店员
그건 너무 매운데요. 손님, 다른 것으로 바꿔 드릴까요?
keugeon neomu maeundeyo. sonnim, tareun geoseuro paggwo deurilggayo?
那个很辣！客人，要不要换其他的东西？

미미 / mimi / 美美
그럼 안 매운 게 뭐가 있어요?
keureom an maeun ge mwoga isseoyo?
有什么不辣的东西？

점원 / jeomwon / 店员
불고기정식이나 돈까스가 어떠세요? 전혀 안 매워요.
pulgogijeongsigina tonggaseuga eoddeoseyo? jeonyeo an maewoyo.
烤肉定食或者猪排饭如何呢？完全不辣。

미미 / mimi / 美美
네, 불고기정식 하나하고 돈까스 두 개 주세요.
ne, pulgogijeongsik hanahago tonggaseu tu gae juseyo.
好，那么请给我一个烤肉定食以及两个猪排饭。

점원 / jeomwon / 店员
예, 알겠습니다.
ye, algetsseumnida.
好，我知道了。

这些单词一定要学会

부대찌개 pudaejjigae 名 部队锅	오징어덮밥 ojingeodeopbbap 名 鱿鱼盖饭	너무 neomu 副 很、非常	맵다 maepdda 形 辣
게 ke 东西（것이的缩写）	뭐 mwo 名 什么（무어 = 무엇）	그건 keugeon 那个（그것은的缩写）	손님 sonnim 名 客人
불고기정식 pulgogijeongsik 名 烤肉定食	돈까스 tonggaseu 名 猪排饭	전혀 jeonyeo 副 完全、全然	두 개 tu gae 名 两个

女孩们的韩文文法笔记

1. 形容词 + 게 해 주다 请帮我……

形容词语干后面加上"**게**"变为副词后再加上"**해 주시다**"就成为"请帮我做得……"。

例 예쁘게 해 주십시오.
yebbeuge hae jusipssio.
请帮我打扮得漂亮一点。

귀엽게 포장해 주세요.
kwiyeopgge ppojanghae juseyo.
请帮我包装得可爱一点。

2. 전혀 안 完全不……

"**전혀**"是副词"全然、完全"的意思,后面一定要加否定,变成"完全不……"。

例 약을 먹고 나서 전혀 안 아프네요.
yegeul meokggo naseo jeonyeo an appeuneyo.
吃了药后完全不痛了!

이렇게 하면 전혀 안 돼요.
ireokke hamyeon jeonyeo an dwaeyo.
这样做的话是完全不行的。

女孩们的韩文文法笔记

哈韩女孩小笔记——

不辣的韩国美食

大多数的韩国人都很能吃辣,对于食物的辣度也会以韩国人的标准来界定。怕辣的女孩们,在点餐前真的得先想好自己要吃什么。基本上红彤彤的오징어덮밥(鱿鱼盖饭)、제육덮밥(猪肉盖饭)、육개장(韩式牛肉汤)等,最好都不要点,否则会辣得受不了!以下是一些不辣的韩国美食。

우동 wudong 名 乌龙面	짜장면 jjajangmyeon 名 炸酱面		수제비 sujebi 名 面疙瘩
볶음밥 poggeumbab 名 炒饭	냉면 naengmyeom 名 冷面	갈비탕 kalbittang 名 排骨汤	설렁탕 selleongttang 名 牛杂汤
곰탕 komttang 名 牛骨汤	떡국 ddeokgguk 名 年糕汤	만두국 manduguk 名 水饺汤	탕수육 ttangsuyuk 名 糖醋肉

Unit 4 韩式炸鸡加啤酒

MP3 06-04

점원 / jeomwon / 店员
안녕하세요. BB 치킨 동대문지점입니다.
annyeonghaseyo. bbchikkin tongddaemunjijeomimnida.
你好。这里是 BB 炸鸡东大门分店。

제니퍼 / jenippeo / 珍妮弗
여보세요. 안녕하세요.
yeoboseyo. annyeonghaseyo.
喂（电话中），你好。

여기는 동대문 레지던스 306(삼공육)호 대만 사람 제니퍼인데 여기까지 배달해 주실 수 있을까요?
yeogineun tongdaemun rejideonseu samgongnyukko taeman saram jenippeoinde yeogiggaji paedarae jusil ssu isseulggayo?
这边是东大门公寓式旅馆 306 号客人珍妮弗。可以外送到这里吗？

점원 / jeomwon / 店员
네, 가능합니다. 그렇지만 지금 주문이 많아서 약 40(사십) 분 정도 기다리셔야 합니다.
ne, kaneunghamnida. keureochiman jigeum jumuni manaseo yak sasip bbun jeongdo kidarisyeoya hamnida.
是，可以的。但因为现在有很多预约，大约要等待四十分钟。

제니퍼 / jenippeo / 珍妮弗
괜찮아요. 양념 치킨 한 마리하고 혹시 맥주 3(세) 병 같이 배달해 주실 수 있을까요?
kwaechanayo. yengnyeom chikkin han marihago hokssi maekjju sebyeong gachi paedarae jusilssu isseulggayo?
没关系。可以帮我们送一只加味炸鸡和三瓶啤酒吗？

점원 / jeomwon / 店员
죄송합니다. 술이랑 같이 배달 안 되고 치킨만 배달 됩니다.
joesonghamnida. surirang gachi paedal an doego chikkinman pawdal doemnida.
非常抱歉。啤酒不能一起送，只能送炸鸡过去。

제니퍼 / jenippeo / 珍妮弗
네, 알겠어요. 잘 기다릴게요.
ne, algesseoyo. jal kidarilggeyo.
好，知道了。我们会等待。

★温馨小提醒

★观光小常识
韩星金秀贤与全智贤主演的韩剧《来自星星的你》，引发一阵韩流旋风。在剧中，女主角非常爱吃炸鸡配啤酒，这是韩国人存在已久的习惯，此剧还创造出流行语치맥（炸啤），也就是치킨+맥주（炸鸡+啤酒）的缩写语。不过这是非正式的流行口语！

女孩们在韩国打电话给炸鸡店叫外卖时，只能点炸鸡等吃的东西，他们是不帮人外送酒的，因为店家担心碰到未成年客人，按照政府规定不能卖酒给未成年人。如果想要另外买酒精饮料，还得亲自跑一趟便利店！

这些单词一定要学会

BB 치킨 bbchikkin 名 BB 炸鸡	레지던스 rejideonseu 名 高级公寓	정도 jeongdo 名 左右、大约、上下	배달 paedal 名 外送
가능하다 kaneunghada 形 可能	그렇지만 keureochiman 副 但是、然而	맥주 maekjju 名 啤酒	양념치킨 yangnyeomchikkin 名 加味炸鸡
한 마리 han mari 名 一只	혹시 hokssi 副 或许、或是	술 sul 名 酒	

补充　동대문지점 tongdaemunjijeom 名 东大门分店
　　　약 yak 冠 大约

女孩们的韩文文法笔记

1　약…정도　大约……

时间名词前面放"약"，后面放"정도"，表示大约什么时间或钱数。

例　이 공사는 약 한 달 정도 걸려야 돼요.
　　i gongsaneun yak han dal jeongdo keollyeoye dwaeyo.
　　这工程大概得花费一个月兴建。

　　이번 달에 약 1(일) 억 원 정도 수익을 올렸네요.
　　ibeon dare yak ireog won jeongdo suigeul ollyeonneyo.
　　这个月大约增加了一亿元收入。

2　名词＋하고　和……

名词后面有无收音加上"하고"，表示并列或列举，比较属于日常口语。

例　내일 옆집 오빠하고 같이 영화를 볼 거예요.
　　naeil yeopjjip obbahago kachi yeonghwareul bol ggeoyeyo.
　　明天会跟邻居哥哥一起去看电影。

　　어제 저녁에 언니하고 식사했어요.
　　eoje jeonyeoge eonnihago sikssahaesseoyo.
　　昨晚跟姐姐吃饭了。

女孩们的韩文文法笔记

哈韩女孩小笔记——

美味的韩国小吃

说真的,韩国有不少"少油清淡"的食物,很适合重视身材的女孩们。特别是路边小摊포장마차,一定要去光顾!如果走路走累了,别忘了停下来吃点东西补充体力。以下介绍与韩国小吃相关的单词。

분식 punsik 名 小吃	군만두 kunmandu 名 煎饺	튀김 ttwigim 名 炸物	소세지 soseji 名 香肠
닭꼬치 takggochi 名 烤鸡肉串	오뎅 odeng 名 甜不辣、关东煮	순대 sundae 名 猪血米肠	호떡 hoddeok 名 糖饼
계란빵 kyeranbbang 名 鸡蛋糕	호박엿 hobangnyeot 名 南瓜糖	번데기 peondegi 名 蝉蛹	군밤 kunbam 名 烤栗子
군고구마 kungoguma 名 烤地瓜	옥수수 okssusu 名 玉米	식혜 sikkye 名 甜酒酿	부침개 puchimgae 名 煎饼

美味可口的炒年糕

香酥的韩式炸鸡

韩国的小吃摊

在小吃摊上,可以吃到各种特别的平价美食,非常可口!

韩式餐厅

1 여기에서 인기 있는 음식이 뭐예요?
yeogieseo ingi inneun eumsigi mwoyeyo?
请问这里的人气餐点是什么呢？
★인기：人气

2 우리는 모두 3(세) 명인데 삼겹살 2(이) 인분만 주문 가능한가요?
urineun modu semyeonginde samgyeopssal iinbunman jumun kaneunghangayo?
我们一共三个人，可以点两人份的五花肉吗？
★삼겹살：五花肉

3 오징어덮밥 둘 주시고 맵지 않게 해 주세요.
ojingeodeoppbbap tul jusigo maepjji ankke hae juseyo.
请给我们两个鱿鱼盖饭，请不要做太辣。
★오징어덮밥：鱿鱼盖饭

4 소갈비를 잘라 줄 수 있어요?
sogalbireul jalla jul ssu isseoyo?
可以帮我们剪韩式牛小排吗？
★소갈비：韩式牛小排　자르다：剪

5 안동찜닭이 너무 매워서 내 입에 안 맞아요.
andongjjimdalgi neomu maewoseo nae ibe an majayo.
安东蒸鸡太辣了，不合我的口味。
★안동찜닭：安东蒸鸡

6 이 요리의 재료는 무엇인가요?
i yorie jaeryoneun mueosingayo?
这个菜的食材是什么呢？
★재료：食材

7 후식이 무엇이 있어요? 식혜를 주세요.
husigi mueosi isseoyo? sikkereul juseyo.
有饭后甜点吗？请给我甜酒酿。
★후식：饭后甜点　식혜：甜酒酿

8 육회는 날로 먹어도 되는 건가요?
yukkoeneun nallow meogeodo doeneun geongayo?
生牛肉可以吃不生的吗？
★육회：生牛肉

9 공기밥 하나 추가해서 돌솥비빔밥에 넣어 주세요.
kogibap hana chugahaeseo tolsotbbibimbbabe neoeo juseyo.
加一碗白饭，请装进石锅拌饭里。
★공기밥：拌饭
돌솥비빔밥：石锅拌饭

10 불판이 많이 타서 새 걸로 바꿔 주세요.
pulppani mani ttaseo sae geollo paggwo juseyo.
烤盘太焦了，可以换成新的吗？
★불판：烤盘

在咖啡厅

11 이 카페는 신촌에서 가장 오래된 원두커피전문점이에요.
i kkappeneun sinchoneseo kajang oraedoen wondukkeoppijeonmunjeomieyo.
这家咖啡厅是新村最老的原豆咖啡店。 ★카페：咖啡厅　오래되다：古老

12 블랙커피에 시럽과 우유는 넣지 마세요.
peullaekkkeoppie sireopggwa uyuneun neochi maseyo.
黑咖啡里请不要加糖水和牛奶。 ★블랙커피：黑咖啡　시럽：糖水

13 카푸치노에 시럽 넣었나요?
kkappuchinoe sireom neoeonnayo?
卡布奇诺放糖水了吗? ★카푸치노：卡布奇诺

14 에스프레소 마시는 법을 가르쳐 주세요.
eseuppeureso masineun beobeul kareuchyeo juseyo.
请教我怎么喝浓缩咖啡。 ★에스프레소：浓缩咖啡

15 생크림 케이크 한 조각하고 망고빙수 하나 주세요.
saengkkeurim geikkeu han jogakkago manggobingsu hana juseyo.
请给我一块鲜奶油蛋糕和一份芒果冰。 ★생크림：鲜奶油　망고：芒果

16 레몬티에 얼음 너무 많이 넣지 마세요.
remonttie eoreum neomu mani neochi maseyo.
柠檬茶请不要加太多冰块。 ★레몬티：柠檬茶

17 따뜻한 커피 종류 중에 카페인 낮은 것이 어떤 거예요?
ddaddeuttan kkeoppi jongnyu junge kkappein najeun geosi eoddeon geoyeyo?
热咖啡种类中咖啡因较少的是哪一种? ★따뜻하다：温暖的；热　카페인：咖啡因

18 일회용 컵 말고 머그컵에 주세요.
ilhoeyong kkeom malgo meogeukkeobe juseyo.
请不要帮我装在一次性纸杯里，帮我装马克杯。 ★일회용 컵：一次性纸杯　머그컵：马克杯

19 제 텀블러에 담아 주세요 얼음은 조금만 주세요.
je tteombeulleoe tama juseyo. eoreumeun jogeumman juseyo.
请装在我的随行杯里，请给我一点点冰块。 ★텀블러：随行杯　얼음：冰块

20 카페라떼 두잔 주시고 시럽은 빼 주세요.
kkapperadde tujan jusigo sireobeun bbae juseyo.
请给我两杯无糖的拿铁咖啡。 ★카페라떼：拿铁咖啡　빼다：去除

Chapter 6

21 오늘 몇 시까지 해요?
oneul myeot ssiggaji haeyo?
今天营业到几点呢? ★몇 시: 几点

22 티타임 언제 끝나지요?
ttittaim eonje ggeunnajiyo?
下午茶时间什么时候结束呢? ★티타임: 下午茶时间 끝나다: 结束

23 이 커피를 좀 데워 주세요.
i kkeoppireul jom tewo juseyo.
请帮我把这咖啡加热。 ★데우다: 加热

24 이 자리에 앉아도 돼요?
i jarie anjado dwaeyo?
可以坐在这个位子吗? ★자리: 位子

25 커피 말고 전통차가 있나요?
kkeoppi malgo jeonttongchaga innayo?
除了咖啡之外，有传统茶吗? ★전통차: 传统茶

26 아주머니, 떡볶이 1(일) 인분하고 튀김 종류별로 하나씩 하나씩 주세요.
ajumeoni, ddeokbboggi irinbunhago ttwigim jongnyubyeollo hanassik hanassik juseyo.
大婶，请给我一人份炒年糕以及一点点的炸物类。 ★떡볶이: 炒年糕

27 양념곱창 엄청 맛있는데 뭐로 만들었어요?
yangnyeomgopchang eomcheong masinneunde mworo mandeureosseoyo.
调味猪肠相当好吃，是用什么做成的呢? ★양념곱창: 调味猪肠

28 이 붕어빵 안에 뭐가 들어가요?
i bungeobbang ane mwoga teureogayo?
这鲷鱼烧里面放什么呢? ★붕어빵: 鲷鱼烧

29 이 튀김이 간장을 찍어 먹어야 돼요?
i ttwigimi kanjangeul jjigeo meogeoya dwaeyo?
这炸物必须要蘸酱油吃吗? ★간장: 酱油 찍다: 蘸

30 남은 음식을 포장 부탁해요.
nameun eumsigeul ppojang puttakkaeyo.
拜托请帮我打包剩下的东西。 ★포장: 打包

31 종이 컵하고 간장접시 둘 주세요.
jongi kkeoppago kanjangjeopssi tul juseyo.
请给我两个纸杯与酱油碟。　　★종이 컵：纸杯　　간장접시：酱油碟

32 오뎅하고 어묵이 둘 다 생선으로 만든 건가요?
odenghago eomugi tul da saengseoneuro mandeun geongayo?
黑轮和鱼板两种都是由鱼肉做的吗？　　★오뎅：黑轮　　어묵：鱼板

33 떡볶이 안 맵게 해 줄 수 있어요?
ddeokbbogi an maepgge hae jul ssu isseoyo?
炒年糕可以做不辣的吗？　　★떡뽁이：炒年糕

34 닭꼬치 양념 바르지 마시고 그냥 구워 주세요.
takggochi yangnyeom bareuji masigo keunyang kuwo juseyo.
烤鸡肉串请不要蘸佐料，就那样烤给我。　　★닭꼬치：烤鸡肉　　양념：佐料（洋酿）

35 따로 따로 계산해 주세요.
ddaro ddaro kyesanhae juseyo.
请帮我们分开结账。　　★따로：分开、另外

在速食店

36 3(삼)번 세트 주시고 후추가루도 주세요.
sambeon setteu jusigo huchugarudo juseyo.
请给我三号套餐，来一点胡椒粉。　　★후추가루：胡椒粉

37 왕새우버거 단품으로 주문하면 안 될까요?
wangsaeubeogeo tanppumeuro jumunhamyeon an doelggayo?
龙虾汉堡不可以单点吗？　　★왕새우：龙虾　　단품：单点

38 소고기 버거의 고기는 어디 것인가요?
sogogi beogeoe gogineun eodi geosingayo?
牛肉汉堡的肉是产自哪里的？　　★소고기：牛肉

39 새우 말고 다른 해물로 만든 버거 있어요?
saeu malgo tareun haemullo mandeun beogeo isseoyo?
除了虾，还有其他用海鲜做的汉堡吗？　　★해물：海鲜

40 사이다를 콜라로 바꿔 주세요.
saidareul kkollaro paggwo juseyo.
请帮我把汽水换成可乐。　　★사이다：汽水　　콜라：可乐

41 물티슈하고 냅킨 더 많이 주세요.
multtisyuhago naepkkin teo mani juseyo.
请多给我一些湿纸巾和餐巾纸。 ★물티슈: 湿纸巾　냅킨: 餐巾纸

42 세트 양이 적어서 포테이토하고 치즈스틱 하나씩 주세요.
setteu yangi jeogeoseo ppoddeittohago chijeuseuttik hanassik juseyo.
套餐分量太少，薯条和芝士棒请给我各来一份。 ★포테이토: 薯条
　치즈스틱: 芝士棒

43 시원한 음료수가 뭐가 있어요?
siwonhan eumnyusuga mwoga isseoyo?
冷饮有什么呢? ★시원하다: 冰的　음료수: 饮料

44 과일빙수에는 뭐가 들어갔어요?
kwailbingsueneun mwoga teureogasseoyo?
水果冰里面放了什么呢? ★과일빙수: 水果冰

45 치킨은 안 매운 것으로 주세요.
chikkineun an maeun geoseuro juseyo.
请给我不辣的炸鸡。 ★치킨: 炸鸡

46 음료수 안 필요해요. 햄버거하고 치킨만 주세요.
eumnyosu an ppiryohaeyo. haembeogeohago chikkinman juseyo.
我不需要饮料，请给我汉堡和炸鸡。 ★음료수: 饮料　햄버거: 汉堡

47 이거 종이봉투에 담아 주세요.
igeo jongibongttue tama juseyo.
请帮我把这个装进纸袋。 ★종이봉투: 纸袋

48 치킨이 너무 탔는데 새 걸로 바꿔 주시겠어요?
chikkini neomu ttanneunde sae geollo paggwo jusigesseoyo?
炸鸡太焦了，可以换新的给我吗? ★타다: 烧焦

49 피자의 냄새가 이상한데 딴 걸로 바꿔 주세요.
ppijae naemsaega isanghande ddan geollo paggwo juseyo.
披萨的味道怪怪的，请帮我换别的。 ★피자: 披萨　냄새: 味道

50 시원한 생과일 주스가 있어요?
siwonhan saenggwail juseuga isseoyo?
有冰凉的新鲜果汁吗? ★생과일 주스: 新鲜果汁

Chapter 7
女孩们的美丽盛宴 —美容篇

Unit 1 你是哪种肤质的女孩？

Unit 2 过敏皮肤怎么办？

Unit 3 折扣与赠品

Unit 4 询问新品

Unit 5 韩国美女都整过容吗？

Unit 6 做个林允儿的发型吧！

Unit 7 让指甲闪闪发亮吧！

Unit 8 去汗蒸幕蒸气房蒸一蒸

〔女孩们的应急韩语〕美容篇

女孩们在韩国,当然不能错过美妆店!还要去美容院做个韩式美发,到新村、梨大附近做个韩式美甲,再去汗蒸幕做SPA流流汗,进行一场"美丽盛宴"。

明洞大街集合了最多的美妆保养品牌,可以平日前往,游客会少一些。看到店内多样化的美妆和保养品,难免眼花缭乱。这时,千万不能盲目地购买,先了解自己的皮肤特质,才能找到最适合的产品。

另外,**韩式美发也相当前卫**。其实除了昂贵的江南地区有明星时常光顾的名店之外,也可以考虑新村、梨大附近的美容室,品质都不错,而且价格甚至比中国的大型发廊还便宜呢!

变美之后,不妨再**安排一趟"汗蒸幕"之旅**,享受全身放松的舒畅感,顺便体验一下아줌마(大婶、阿姨)的指压技术。

你是哪种肤质的女孩?

07-01

점원 / jeomwon / 店员
손님, 안녕하십니까? 어서 오십시오.
sonnim, annyeonghasimnigga? eoseo osipssio.
客人,您好。欢迎光临。

무엇을 찾으십니까?
mueoseul chajeusimnigga?
您找什么东西呢?

제니퍼 / jenippeo / 珍妮弗
전 땀이 자주 나는 편인데요.
jeon ddami jaju naneun ppyeonindeyo.
我是属于经常流汗的那种人。

점원 / jeomwon / 店员
네, 그러세요?
ne, keureoseyo?
是,是吗?

손님은 지성피부 인가 봐요.
sonnimeun jiseongppibuinga bwayo.
客人可能是油性皮肤。

可替换:
민감피부 敏感皮肤
중성피부 中性皮肤

제니퍼 / jenippeo / 珍妮弗
날씨가 더운데 어떻게 피부관리 하나요?
nalssiga teounde eoddeokke ppibugwalli hanayo?
天气这么热该怎么样保养皮肤呢?

可替换:
추운데 冷
쌀쌀한데 凉飕飕

점원 / jeomwon / 店员
우선 잠을 잘 자야 되고 하루 3번 세안을 꼭 하셔야 돼요.
useon jameul jal jaya doego haru sebeon seaneul ggok hasyeoya dwaeyo.
首先每天一定要睡好觉,一天洗脸三次。

여기 지성피부 전용 에센스가 많아요.
yeogi jiseongppibu jeonyong esenseuga manayo.
这里油性皮肤专用的精华液有很多。

한번 보세요.
hanbeon boseyo.
请看看。

제니퍼 / jenippeo / 珍妮弗
네, 수고하세요.
ne, sugohaseyo.
好,辛苦你了。

★ 观光小常识
虽然韩国的消费都比中国高一些,不过美妆保养品或许因为有太多品牌,彼此竞争相当激烈,所以在当地买都很便宜。韩国当地美妆保养品的价格平均起来,至少比中国便宜35% ~ 40%。所以,爱美的女孩们,放心去买吧!

Chapter 7

这些单词一定要学会

땀 ddam 名 汗	나다 nada 动 出、冒	지성피부 jiseongppibu 名 油性皮肤	날씨 nalssi 名 天气
덥다 teopdda 形 热	피부관리 ppibugwalli 名 皮肤管理	우선 useon 名 副 首先	잠 jam 名 觉、睡眠
자다 jada 动 睡	하루 haru 名 一天	세안 sean 名 洗脸	에센스 esenseu 名 精华液

女孩们的韩语语法笔记

1　动词+는 편이다． 属于……

动词后面加上"**는 편이다**"，表示并不完全是那样，但大部分属于某一个状态或情形。

例　이 학생은 열심히 공부하는 편이에요．
i hakssaengeun yeolssimhi kongbuhaneun ppyeonieyo.
这学生算是比较用功的。

남동생이 잘 먹는 편입니다．
namdongsaengi jal meongneun ppyeonimnida.
弟弟算是很会吃的。

2　名词+인가 보다． 好像是……

名词后面加上"**인가 보다．**"表示推测的意思，有"好像是……""可能是……"的意思。

例　내일은 제니퍼의 생일인가 봐요．
naeireun jenippeoe saengiringa bwayo.
明天好像是珍妮弗的生日。

제가 보기에는 그 여자가 패션모델인가 봅니다．
jega bogieneun keu yeojaga ppaesyeonmoderinga bomnida.
在我看起来，那女生好像是服装模特儿。

女孩们的韩语语法笔记

哈韩女孩小笔记——

各种不同的肤质

皮肤对女孩们来说,实在太重要了!保养皮肤是保持美丽的首要任务。韩语中有许多关于皮肤的形容词,大多是由韩语和汉字音所构成的,请参考以下这些词汇。

촘촘하다 chomchomhada 形 细密、密实	촉촉하다 chokchokkada 形 湿润	깨끗하다 ggaeggeuttada 形 洁净	생생하다 saengsaenghada 形 生动
탱탱하다 ttaengttaenghada 形 紧致	투명하다 ttumyeonghada 形 透明	매끈하다 maeggeunhada 形 光滑	부드럽다 pudeureopdda 形 柔软
밝다 pakdda 形 明亮	어둡다 eodupdda 形 暗淡	건성 keonseong 名 干性	중복합성 jungbokkapsseong 名 混合性

Chapter 7

Unit 2 过敏皮肤怎么办?

점원 / jeomwon / 店员
안녕하세요. 어서 오세요.
annyeonghaseyo. eoseo oseyo.
你好。欢迎光临。

뭐 필요하세요?
mwo ppiryohaseyo?
您需要什么吗?

제니퍼 / jenippeo / 珍妮弗
저는 **알로에**에 알레르기가 있는데요.
jeoneun alloee allereugiga inneundeyo.
我对芦荟有点过敏。

可替换:
▶ 고추 辣椒
▶ 바나나 香蕉

제 **피부**에 잘 어울리는 게 뭐예요?
je ppibue jal eoullineun ge mwoyeyo?
适合我皮肤的产品有什么呢?

可替换:
▶ 몸매 身材
▶ 스타일 风格

점원 / jeomwon / 店员
아, 이 제품은 손님에게 제일 좋습니다.
a, i jeppumeun sonnimege jeil josseumnida.
啊,这样的产品对客人最好。

제니퍼 / jenippeo / 珍妮弗
정말이에요? 그거 쓰면 어떤 효과가 있을까요?
jeongmarieyo? keugeo sseumyeon eddeon hyogwaga isseulggayo?
真的吗?用那个会有什么效果呢?

점원 / jeomwon / 店员
네, 이 천연성분으로 만든 곡물팩으로 모공수축에 아주 좋습니다.
ne, i cheonyeonseongbuneuro mandeun kongmullppaegeuro mogongsuchuge aju josseumnida.
这个天然成分做成的谷物面膜对毛孔收缩非常好。

이것을 사서 한번 써 보십시오.
igeoseul saseo hanbeon sseo bosipssio.
请买这个尝试一次看看吧。

 ★温馨小提醒

在韩国美妆店可以买到各式各样的面膜,像是蜗牛面膜、可爱动物面膜、果冻面膜、黑面膜等。女孩们不妨先上网收集资料,看看哪些面膜适合自己。最重要的是,要根据自己的肤质来挑选!

这些单词一定要学会

뭐 mwo 名 什么（무어 = 무엇）	필요하다 ppiryohada 形 需要	알로에 alloe 名 芦荟	알레르기 allereugi 名 过敏
어울리다 eoullida 动 适合	제품 jeppum 名 产品	제일 jeil 副 最	좋다 jotta 形 好
천연성분 cheonyeonseongbun 名 天然成分	만들다 mandeulda 动 做、制造	곡물팩 kongmulppaek 名 谷物面膜	모공수축 mogongsuchuk 名 收缩毛孔

女孩们的韩语语法笔记

1 名词 + 에 알레르기가 있다　对……过敏

将过敏源的名词放在"... 에 알레르기가 있다"前面，表示对哪样东西有过敏的现象。

例 미미가 망고에 알레르기가 있습니다.
　　mimiga manggoe allereugiga itsseumnida.
　　美美对芒果过敏。

　　조산아이면 많은 것에 알레르기가 있을 거예요.
　　josanaimyeon maneun geose allereugiga isseul ggeoyeyo.
　　如果是早产儿，应该对很多东西都会过敏。

2 动词 + 는　名词　……的……

动词语干不论有无收音都加上现在时冠形词"는"，然后再接名词，表示"什么的……"。

例 오늘 저녁에 먹는 음식은 탕수육이에요.
　　oneul jeonyeoge meongneun eumsigeun ttangsuyugieyo.
　　今天晚餐吃的食物是糖醋肉。

　　지금 보는 프로그램은 홍콩 드라마입니다.
　　jigeum boneun ppeurogeuraemeun hongkong deuramaimnida.
　　现在看的节目是香港电视剧。

女孩们的韩文文法笔记

哈韩女孩小笔记——

保养品与彩妆用品

韩国的药妆店有很多家，除了日常生活用品与食品外，店内出售的彩妆、保养品可以说是应有尽有，甚至包含一些比较少见的品牌，价格都相当低廉！

保养品

피부보호품 ppibubohoppum 名 肌肤保养品	아이마스크 aimaseukkeu 名 眼膜	아이젤마스크 aijelmaseukkeu 名 果冻眼膜	입술 젤패치 ipssul jelppaechi 名 护唇冻膜
네일에센스 neiresenseu 名 指甲精华液	네일영양제 neiryeongyangje 名 指甲营养油	마스크 maseukkeu 名 面膜	마스크시트 maseukkeusitteu 名 纸面膜
워시-오프팩 wosi-oppeuppaek 名 洗净式面膜	필링 ppiling 名 去角质	마스크-풋 maseukkeu-pput 名 足膜	슬리핑팩 seullippingppaek 名 睡眠面膜
무스팩 museuppaek 名 慕丝面膜	핸드-마스크 haendeu-maseukkeu 名 手膜		수면팩 sumyeonppaek 名 睡眠面膜
스페셜케어 seuppesyeolkkeeo 名 特殊护理	바디클렌져 padikkeullenjyeo 名 沐浴露	바디로션 padirosyeon 名 身体乳	

彩妆用品

화장품 hwajangppum 名 化妆品	페이스메이크업 ppeiseumeikkeueop 名 脸部彩妆	비비크림 pibikkeurim 名 BB 霜	씨씨크림 ssissikkeurim 名 CC 霜
노세범미네랄파우더 nosebeomineralppaudeo 名 无油脂矿物粉	노세범미네랄팩트 nosebeomineralppaektteu 名 无油脂矿物粉饼	파운데이션 ppaundeisyeon 名 粉底液	리퀴드컨실러 rikkwideukkeonsilleo 名 遮瑕液
커버파운데이션 kkeoboeppaundeisyeon 名 遮瑕膏	치크 / 블러셔 chikkeu / peulleosyeo 名 腮红	크림블러셔 kkeurimbeulleosyeo 名 腮红霜	하이라이터 hairaitteo 名 高光

女孩们的韩文文法笔记

아이섀도 aisyaedo 名 眼影	어퍼라이너 eoppeoraineo 名 眼线笔	워터프루프아이크레용 wotteoppeuruppeuaikkeureyong 名 防水眼影
브러쉬라이너 peureoswiraineo 名 眼线液	젤아이라이너 jelairaineo 名 眼线胶	눈썹셰이퍼 nunsseopsyeippeo 名 眉笔	브로우마스카라 peuroumaseukkara 名 染眉剂
틴트밤 ttintteubam 名 唇膏	립글로스 ripggeulloseu 名 唇蜜	마스카라 maseukkara 名 睫毛膏	향수 hyangsu 名 香水
클레이징브러시펜 kkeulleijingbeureosippen 名 釉彩唇蜜笔刷		네일래커 / 네일폴리쉬 neillaekkeo / neilppolliswi 名 指甲油	

美妆工具

미용용품 miyongyongppum 名 美容用品	기름종이 / 오일 컨트롤 필름 kireumjongi / oil kkeon tteurol ppilleum 名 吸油面纸	사각퍼프 sagakppeoppeu 名 四角粉扑
파운데이션브러쉬 ppaundeisyeonbeureoswi 名 粉底霜刷	아이섀도팁 aisyaedottip 名 眼影棒	속눈썹 songnunsseop 名 假睫毛
브러시샴푸 peureosisyamppu 名 刷具清洁剂	눈썹수정 nunsseopssujeong 名 眉毛	바디면도기 padimyeondogi 名 身体除毛刀	미용가위 miyonggawi 名 美容剪刀
아이래쉬뷰러 airaeswibyureo 名 睫毛夹	면봉 myeonbong 名 棉棒	화장솜 hwajangsom 名 化妆棉	샤워타월 syawottawol 名 浴巾
모공세안브러쉬 mogongseanbeureoswi 名 毛孔洗颜刷	헤어밴드 heeobaendeu 名 发带	발밀이스톤 palmiriseutton 名 磨脚石

Chapter 7

Unit 3 折扣与赠品

MP3 07-03

정이 / 静怡: 언니, 오늘 세일이 있나요?
eonni, oneul seiri innayo?
姐姐，今天有特价吗？

可替换：
- 디스카운트 打折
- 할인 打折

스킨케어에 관한 제품은 몇 프로 디씨예요?
seukkinkkeeoe kwanhan jeppumeun myeot ppeuro dssiyeyo?
皮肤保养有关的产品打几折呢？

점원 / 店员: 네, 지금 20(이십) 프로 세일 중인데요.
ne, jigeum isipppeuro seil jungindeyo.
有，现在正在打八折。

정이 / 静怡: 그럼 어떤 종류인지 보여 줄래요?
keureom eoddeon jongnyuimji poyeo jullaeyo?
那么给我看看有什么种类呢？

이거저거 사면 증정품하고 샘플 좀 많이 줄 수 있나요?
igeojeogeo samyeon jeungjeongppumhago saemppeul jom mani jul ssu innayo?
如果买这个那个的话，赠品与试用品可以稍微给多一点吗？

점원 / 店员: 네, 지금 프로모션 기간이라 특별히 샘플하고 팩 증정품 꼭 드릴게요.
ne, jigeum ppeuromosyeon giganira tteukbbyeolhi saemppeulhago ppaek jeungjeongppum ggok ddeurilggeyo.
好的。因为现在正值宣传期，一定会特别送给您试用品与面膜赠品。

可替换：
- 행사 活动
- 세일 特价

정이 / 静怡: 아, 그래요? 괜찮은데 가격이 좀 비싼 것 같아요. 조금만 더 디씨 해 주실 수 있나요?
a, keuraeyo? kwaenchaneunde kagyeogi jom pissan geot ggattayo. jogeumman teo dissi hae jusil ssu innayo?
啊，是吗？但是价格好像有点贵。可以再给我一些折扣吗？

점원 / 店员: 아뇨. 이 가격도 이미 많이 할인 됐어요. 대신 증정품 많이 드릴게요.
anyo. i gagyeokddo imi mani harin dwaesseoyo. taesin jeungjeongppum mani deurilggeyo.
不行。这价格已经打了很多折扣了！可以多给你一些赠品。

这些单词一定要学会

디스카운트 tiseukkauntteu 名 折扣	경품 kyeongppum 名 赠品	세일 seil 名 特价	스킨케어 seukkingeeo 名 皮肤保养
관하다 kwanhada 动 有关、关于	제품 jeppum 名 产品	디씨 tissi 名 折扣	몇 myeot 名 冠 几、多少
프로 ppeuro 名 百分比	어떤 eoddeon 冠 什么样的	종류 jongnyu 名 种类	이거저거 igeojeogeo 名 这个那个
프로모션 ppeuromosyeon 名 宣传活动	증정품 jeungjeongppum 名 赠品	샘플 saemppeum 名 试用品、样品	가격 kagyeok 名 价格

补充　비싸다 pissada 形 贵
　　　대신 taesin 名 代替

女孩们的韩语语法笔记

1 名词 + 에 관하다 有关、关于……

名词放在"...에 관하다"前面,"관하다"由动词加上过去时冠形词"ㄴ"或现在时冠形词"는"变成"有关……的"。

例　내일 회의에 관한 일을 얘기합시다.
　　naeil hoeie kwanhan ireul yaegihapssida.
　　来讨论一下明天会议有关的事情吧。

　　한국어에 관한 질문 있으시면 연락해 주세요.
　　hangugeoe kwanhan jirmun isseusimyeon yeollakkae juseyo.
　　如果有韩语方面的问题,请跟我联络。

2 名词 + 인지 是……

名词后面加上"인지"表示针对之前叙述过的某种事实,或者提问时都可以用到这句型。

例　이 시골지방은 어디인지 인터넷으로 찾아 봐.
　　i sigoljibangeun eodiinji intteoneseuro chaja bwa.
　　上网查查看这乡下地方在哪里。

　　빅뱅 컴백 일정 언제부터인지 알아요?
　　pikbbaeng kkeombaek iljjeong eonjebutteoinji arayo?
　　你知道 Bigbang 回归日程是从何时开始吗?

女孩们的韩语语法笔记

3 动词/形容词＋잖아요. 不是……嘛

此句型用于双方对话时，动词/形容词后面加上"**잖아요.**"，表示听的人已知道的事情或资讯。

例 이웃집 따님이 예쁘잖아요.
iutjjip ddanimi yebbeujanayo.
邻家女儿不是很漂亮嘛！

정이가 어제 한국에 갔잖아요.
jeongiga eoje hanguge katjjanayo.
静怡昨天不是去了韩国嘛。

一起打扮成亮眼的韩国街头美女吧！

Unit 4 询问新品

MP3 07-04

미미 / mimi / 美美
혹시 최신 쿠션팩트가 있을까요?
hokssi choesin kkusyeonppaektteuga isseulggayo?
你们是否有最新的气垫粉饼?

可转换:
- 젤리팩트　果冻粉饼
- 유채꿀 세럼
  油菜花蜜精华素

유비 멀티효과가 있으면 좋겠어요.
yubi meolttihyogwaga isseumyeon jokkesseoyo.
最好是有 UV 防晒效果的。

점원 / jeomwon / 店员
이거 어때요? 신상품인데 한번 써 보세요.
igeo eoddaeyo? sinsangppuminde hanbeon sseo boseyo.
这个怎么样呢? 是新品, 请试用一次看看。

미미 / mimi / 美美
그래요? 참, 그리고 민감한 피부에 괜찮은 로션하고 성분 좋은 앰플 에센스도 추천해 주세요.
keuraeyo? cham keurigo mingamhan ppibue kwaenchanneun rosyeonhago seongbun joeun aemppeul esenseudo chucheonhae juseyo.
是吗? 啊, 还有请推荐不错的乳液以及成分好的安瓶精华液给我。

점원 / jeomwon / 店员
네, 우리 가게에 다 있어요. 한번 둘러 보세요.
ne, uri gagee ta isseoyo. hanbeon dullo boseyo.
是, 我们店都有。请转转看吧。

미미 / mimi / 美美
네, 감사합니다.
ne, kamsahamnida.
好, 谢谢。

점원 / jeomwon / 店员
이게 바로 인기 신상품 로션이에요.
ige paro ingi sinsangppum rosyeonieyo.
这个就是人气新品乳液。

줄기세포 배양액 성분이 들어가 있어요.
julgiseppo baeyangaek seongbuni deureoga isseoyo.
里面加入了干细胞培养液成分。

피부세포 활성화에 탁월한 효과가 있구요.
ppibuseppo hwalsseonghwae ttagwonlhan hyogwaga itgguyo.
对于皮肤细胞活化有显著的效果!

这些单词一定要学会

최신 choesin 名 最新	쿠션팩트 kkusyeonppaektteu 名 气垫粉饼	유비 멀티 yubi meoltti 名 防晒	신상품 sinsangppum 名 新品
민감하다 mingamhada 形 敏感	로션 rosyeon 名 乳液	앰플 에센스 aemppeul esenseu 名 安瓶精华液	두르다 tureuda 动 绕、围
줄기세포 julgiseppo 名 干细胞	배양액 paeyangaek 名 培养液	들어가다 teureogada 动 入、进	활성화 hwarsseonghwa 名 活化、激活

补充 | 탁월하다 ttagworhada 形 卓越
　　　| 효과 yogwa 名 效果

女孩们的韩语语法笔记

1　动词＋아 / 어 / 여 있다 ……着

动词加上"아 / 어 / 여 있다"描述某个动作结束后，状态持续进行着。

 학교 대문이 열려 있어요.
hakggyo daemunni yeollyeo isseoyo.
学校大门正开着。

의자 위에 책가방이 놓여 있어요.
uija wie chaekggabangi noyeo isseoyo.
椅子上放着书包。

2　名词＋인데 是……

名词后面加上"인데"表示对后面的句子给出说明、理由。

 저는 지성모발인데 어느 샴푸를 추천해 줄까요?
jeoneun jiseongmobarinde eoneu syamppureul chcheonhae julggayo?
我是油性发质，要推荐我哪种洗发液呢?

외국 사람인데 많이 도와 주세요.
oeguk saraminde mani towa juseyo.
我是外国人，请给我帮助。

女孩们的韩语语法笔记

哈韩女孩小笔记——

韩国美妆、保养品

韩国的美妆、保养品不仅品牌多,商品种类更是不胜枚举,至少有上千种。大多数的商品名称都是外来语,建议女孩们可以事先上网查询、确认,做好功课再购买。

知名彩妆、保养品牌

이니스프리 iniseuppeuri 名 innisfree 悦诗风吟	미샤 misya 名 MISSHA 谜尚	더페이스샵 teoppeiseusyap 名 The Face Shop 菲诗小铺	라네즈 ranejeu 名 LANEIGE 兰芝
스킨푸드 seukkinppudeu 名 SKINFOOD 思亲肤	설화수 seolhwasu 名 雪花秀	에뛰드하우스 eddwideuhauseu 名 ETUDE HOUSE 伊蒂之屋	토니모리 ttonimori 名 TONYMOLY 美丽魔法森林
마몽드 mamongdeu 名 Mamomd 梦妆	아이오페 aioppe 名 IOPE 艾诺碧	디오프러스 tioppeureoseu 名 DEOPROCE 迪奥普路丝	한스킨 hanseukkin 名 HAN SKIN 韩斯清

114

女孩们的韩文文法笔记

保养品、成分与效能

韩文	韩文	韩文	韩文
스킨케어 seukkinkkeeo 名 皮肤保养	콜라겐 kkollagen 名 胶原蛋白	하이루론산 hairuronsan 名 玻尿酸	스킨 seukkin 名 化妆水
스킨 토너 seukkin ttoneo 名 爽肤水	세럼 sereom 名 精华素	클렌징폼 kkeullenjingppom 名 洁颜慕丝	클렌징크림 kkeullenjingkkeurim 名 卸妆霜
리무버 rimubeo 名 卸妆乳	클렌징젤 kkeullenjingjel 名 卸妆凝胶	클렌징오일 kkeullenjingoil 名 卸妆油	클렌징티슈 kkeullenjingttisyu 名 卸妆棉
클렌징워터 kkeullenjingwotteo 名 卸妆液	립메이크업리무버 ripmeikkeumnimubeo 名 唇部卸妆乳	아이크림 aikkeurim 名 眼霜	핸드크림 haendeukkeurim 名 护手霜
크림 kkeurim 名 乳霜	오일 oil 名 油	립밤 ripbbam 名 护唇膏	파우더 ppaudeo 名 粉末状
미스트 miseutteu 名 喷雾状	석류 seongnyu 名 石榴	꿀 ggul 名 蜂蜜	녹차 nokcha 名 绿茶
탄력 ttallyeok 名 弹力	윤기 yungi 名 光泽	수분광채 subungwangchae 名 水分光彩	워터프루프 wotteoppeuruppeu 名 防水
피부안전성 ppibuanjeonseong 名 皮肤安全性	밀착력 mirchangnyeok 名 黏着性	흡착력 heupchangnyeok 名 吸附力	테스트 tteseutteu 名 测试
이중 ijung 名 双重	미백기능성 mibaeggineungseong 名 美白	수분강화 subunganghwa 名 水分强化	색상지속력 saekssangjisongneyok 名 色彩持续力
선케어 seonkkeeo 名 防晒	자외선 jaoeseon 名 紫外线	차단 chadan 名 抵挡	눈가주름 nunggajureum 名 眼圈（眼角）皱纹
여드름 yeodeureum 名 青春痘、粉刺	주근깨 jugeunggae 名 雀斑	없애다 eopssaeda 动 消除、清除	

Chapter 7

Unit 5 韩国美女都整过容吗?

07-05

미미 / mimi / 美美
레이저필링에 관한 케어방식하고 비용 알고 싶은데요.
reijeoppillinge kwanhan kkeeobangsikkago piyong algo sippeundeyo.
我想要了解有关于净肤镭射的术后照顾和费用。

可替换:
- 보톡스 肉毒杆菌
- 맥박빛 脉冲光

그리고 시술 후 며칠이면 자연스럽게 보여요?
keurigo sisul hu meyochirimyeon jayeonseureopgge poyeoyo?
以及术后要过几天,看起来比较自然?

간호사 / kanhosa / 护士
7 일 정도면 충분해요.
chiril jeongdomyeon chungbunhaeyo.
大概七天就足够了。

근데... 요새는 물광주사가 인기예요.
keunde... yosaeneun mulgwangjusaga ingiyeyo.
但是……最近很流行水光注射 (Hydrolifting)。

인체에 무해한 필러물질을 주사하면 얼굴이 항상 촉촉하고 신선해 보이지요.
inchee muhaehan ppilleomuljireul jusahamyeon eolguri hangsang chokchokkago sinseonhae boijiyo.
注射一些对人体无害的填充物质,脸色通常会看起来很滋润又清新。

미미 / mimi / 美美
아, 그래요? 그럼 비용이 비싸지 않을까요?
a, keuraeyo? keureom piyongi pissaji aneulggayo?
啊,是吗?那么费用不贵吗?

간호사 / kanhosa / 护士
저희 병원에서 이번 달에 프로모션 진행 중이라서 레이저 필링보다 그다지 비싸지 않아요.
jeohui byeongwoneseo ibeon dare ppeuromosyeon jinhaeng jungiraseo reijeo ppillingboda keudaji pissaji anayo.
我们医院这个月因为正在进行宣传,价格和净肤镭射比,不会太贵。

미미 / mimi / 美美
그럼 시술시간、비용 좀 가르쳐 줄 수 있을까요?
keureom sisulssigan piyong jom kareuchyeo jul ssu isseulggayo?
那么可以告诉我手术时间与费用吗?

간호사 / kanhosa / 护士
직접 실장님과 한번 상담해 보실래요?
jikjjeop siljjangnimgwa hanbeon sangdamhae bosillaeyo?
要直接和院长咨询一次看看吗?

Chapter 7

117

미미
mimi
美美

네, 그런데 마취는 하고 싶지 않아요.
ne, keureonde machwineun hago sipjji anayo.
好，但是我不想麻醉。

간호사
kanhosa
护士

그럼요. 물광주사는 마취가 필요하지 않아요.
keureomnyo. mulgwangjusaneun machwiga ppiryohaji anayo.
当然可以不用。水光注射不需要麻醉。

女孩们来到韩国旅行，如果是要去整形诊所做美容，不论韩语能力如何，最好还是找有中文翻译的大型诊所比较好。另外，还要考虑到自己的旅游时间够不够长、术后复查是否来得及、身上是否有足够的钱支付费用……千万不要冲动做决定。

这些单词一定要学会

레이저필링 reijeoppilling 名 净肤镭射	시술 후 sisul hu 名 术后	자연스럽게 jayeonseureopgge 副 自然地	충분하다 chungbunhada 形 充分
근데 keunde 副 但是 (그런데的缩写)	요새 yosae 名 最近	물광주사 mulgwangjusa 名 水光注射	인체 inche 名 人体
무해하다 muhaehada 形 无害	필러물질 ppilleomuljjil 名 填充物质	주사하다 jusahada 动 注射	얼굴 eolgeul 名 脸、面孔
신선하다 sinseonhada 形 清新、新鲜	병원 pyeongwon 名 医院	이번 달 ibeon dal 名 这个月	프로모션 ppeuromosyeon 名 宣传
진행 중 jinhaeng jung 名 进行中	직접 jikjjeop 名 副 直接	실장님 siljjangnim 名 院长	상담하다 sangdamhada 动 咨询

补充 | 마취 machwi 名 麻醉

女孩们的韩语语法笔记

1 动词＋고 싶다. 希望、想要……

动词后面加上"고 싶다"表示希望或想做什么事情，若主语为第三人称时，必须加上"고 싶어하다"。

例 이번 방학에 쌍꺼풀수술 하고 싶어요.
ibeon banghage ssangggeoppeursusul hago sippeoyo.
这次放假想要做双眼皮手术。

제니퍼가 내년 여름에 하와이에 가고 싶어합니다.
jenippeoga naenyeon yeoreume hawaie kago sippeohamnida.
珍妮弗明年夏天想去夏威夷。

2 动词＋아야／어야／여야 돼요. 必须要……一定要……

动词后面加上"아야／어야／여야 돼요"，表示有强烈意志，一定要做什么事情。

例 눈머리수술 꼭 해야 돼요？
nunmeorisusul ggok haeya dwaeyo?
一定要做开眼角手术吗？

학생들이 열심히 공부해야 돼요.
hakssaengdeuri yeolssimhi kongbuhaeya dwaeyo.
学生们一定要用功念书。

哈韩女孩小笔记——

整形诊所

看到韩国整形诊所的广告，难免大叹不可思议。对医学美容有兴趣的女孩们，不妨些相关词汇。这些专业用语也是外来语居多，如果你的英文还不错，学起来也会相对轻松。

온라인상담 ollainsangdam 名 线上咨询	수술방법 susulbangbeop 名 手术方法	유지시간 yujisigan 名 维持时间	실밥제거 silbapjjegeo 名 拆除缝线
마취크림 machwikkeurim 名 麻醉药膏	보형물 pohyeongmul 名 植入物	급성염증기 keupsseongyeomjeunggi 名 急性炎症期	

女孩们的韩语语法笔记

눈초리수술 nunchorisusul 名 开眼角	코성형 kkoseonghyeong 名 鼻整形	안면리프팅 anmyeonrippeutting 名 脸部拉皮	
지방흡입재수술 jibangheubipjaesusul 名 脂肪吸取修复手术		가슴확대술 kaseumhwakddaesul 名 隆胸	
성형수술 seonghyeongsusul 名 整形手术	눈머리 nunmeori 名 眼头	눈초리 nunchori 名 眼尾	안검 angeom 名 眼睑
매교정 maegyojeong 名 眼神矫正	다크써클 takkeusseokkeul 名 黑眼圈	코끝 kkoggeut 名 鼻尖	콧대 kkotddae 名 鼻梁
낮은코 najeunkko 名 塌鼻	넓은코 neolbeunkko 名 宽鼻	가슴 kaseum 名 胸部	광대뼈 kwangdaebbyeo 名 颧骨
입꼬리 ipggori 名 嘴角	턱 tteok 名 下巴	사각턱 sagaktteok 名 方形下巴	이중턱 ijungtteok 名 双下巴

Unit 6 做个林允儿的发型吧!

디자이너　안녕하세요. 어서 오세요.
dijaineo　annyeonghaseyo. eoseo oseyo.
设计师　　您好。欢迎光临。

정이　　　앞머리를 좀 자르고 파마해 주세요.
jeongi　　ammeorireul jom jareugo ppamahae juseyo.
静怡　　　请帮我剪刘海还有烫发。

디자이너　염색은 안 해도 될까요?
dijaineo　yeomsaegeun an haedo doelggayo?
设计师　　不要染发吗?

정이　　　네, 안 해도 돼요. 고마워요.
jeongi　　ne, an haedo dwaeyo. komawoyo.
静怡　　　是，不染。谢谢。

▶ 뒷머리　后面头发
▶ 옆머리　旁边头发

디자이너　앞머리를 얼마나 자르고 싶으세요?
dijaineo　ammeorireul eolmana jareugo sippeuseyo?
设计师　　刘海想要剪多少?

정이　　　소녀시대 윤아처럼 눈썹에 살짝 닿을 정도로요.
jeongi　　sonyeosidae yunacheoreom nunsseobe saljjak taeul jjeongdoroyo.
静怡　　　像少女时代林允儿那样刚刚到眉毛那里。

디자이너　네, 손님에게 딱 맞는 스타일이에요.
dijaineo　ne, sonnimege ddang manneun seuttairieyo.
设计师　　好，很适合客人的发型。

　　　　　그리고 뒷머리를 굵게 파마를 해서 볼륨을 주면
　　　　　완전 짱일 거예요.
　　　　　keurigo twinmeori kulgge ppamareul haeseo bollyumeul jumyeon wanjeon jjangil ggeoyeyo.
　　　　　还有如果后面头发再上一些卷度的话，那应该就更棒了。

정이　　　선생님 잘 부탁해요.
jeongi　　seonsaengnim jal puttakkaeyo.
静怡　　　拜托老师了。

★ 温馨小提醒 Tips

一般在韩国美容室做头发、做脸或美甲时，客人称呼设计师不能直接叫他们디자이너（设计师）！由于许多设计师都有开班授课，因此都要尊称他们为선생님（老师）。

这些单词一定要学会

앞머리 ammeori 名 刘海	자르다 jareuda 动 剪	파마하다 ppamahada 动 烫发	염색 yeomsaek 名 染色
소녀시대 sonyeosidae 名 少女时代 （韩国女子组合）	윤아 yuna 名 林允儿	눈썹 nunsseop 名 眉毛	살짝 saljjak 副 微微地
닿다 tatta 动 接触、触及	딱 ddak 副 正好、刚好	스타일 seuttail 名 样式	뒷머리 twinmeori 名 后面头发
굵게 kulgge 副 卷卷地	볼륨 pollyum 名 卷度、音量	완전 wanjeon 名 完全、百分之百	짱 jjang 名 最棒、最佳、帅

女孩们的韩语语法笔记

1. 动词＋아도/어도/여도 되다. 可以……

动词后面加上"아도/어도/여도 되다"，表示说话者请求别人允许做什么事情。

例 여기서 운동해도 될까요？
yeogiseo undonghaedo doelggayo?
我可以在这里运动吗？

내일 저녁에 같이 밥 먹어도 돼요？
naeil jeonyeoge kachi pam meogeodo dwaeyo?
明天晚上可以一起吃饭吗？

2. 名词＋처럼 像……

名词后面加上"처럼"，表示"像……"的意思。

例 바보처럼 이상하게 웃지마．
pabocheoreom isanghage utjjima.
不要像傻瓜一样奇怪地笑。

제니퍼처럼 한국어 잘하면 좋겠어요．
jenippeocheoreom hangugeo jaramyeon jokkesseoyo.
如果能像珍妮弗韩语那么棒就好了。

女孩们的韩语语法笔记

哈韩女孩小笔记——

韩式美发

韩式美发造型可是相当前卫又流行,价钱不会太贵,除了在江南附近的明星御用美容室消费较高,在明洞、梨大、新村的大多数美容室都是比较便宜的,来到韩国可以去美容室走一趟,换个发型或做个保养!

헤어 heeo 名 头发	머리를 감다 meorireul kamdda 动 洗发	층지게 자르다 cheungjige jareuda 动 剪层次	모근 mogeun 名 发根
모발 mobal 名 毛发	두피 tuppi 名 头皮	모발엉킴 mobareongkkim 名 毛发纠结	끊어지다 ggeuneojida 动 断
갈라지다 kallajida 动 分岔	밸런스 paelleonseu 名 平衡	샴푸 syamppu 名 洗发液	린스 rinseu 名 润发精
헤어 트리트먼트제 heeo tteuritteumeontteuje 名 护发素		헤어팩 heeoppaek 名 发膜	수분오일 subunoil 名 保湿护发油
두피영양액 tuppiyeongyangaek 名 头皮营养液	극손상모발 keukssonsangmobal 名 极易受损发质	농축케어 nongchukkkeeo 名 集中护理	두피 딥 클렌징 tuppi dip kkeullenjing 名 头皮深层清洁

Chapter 7

Unit 7 让指甲闪闪发亮吧！

제니퍼 jenippeo 珍妮弗	네일아트 하려고 하는데요. neiratteu haryeogo haneundeyo. 我想要做指甲彩绘。 이 핑크색으로 예쁘게 해 주세요. i ppingkkeusaegeuro yebbeuge hae juseyo. 请用这粉红色帮我弄漂亮点。
디자이너 dijaineo 设计师	네, 알겠습니다. ne, algetsseumnida. 好的，我了解了。 꼭 예쁘게 해 드리겠습니다. 하하. ggok yebbeuge hae deurigetsseumnida. haha. 一定会帮您弄得漂漂亮亮。哈哈。
제니퍼 jenippeo 珍妮弗	이건 뭐예요? igeon mwoyeyo? 这个是什么？
디자이너 dijaineo 设计师	컬러를 핑크로 하면 이 보석으로 장식을 하면 정말 예쁠 거예요. kkeolleoreul ppingkkeuro hamyeon i poseogeuro jangsigeul hamyeon jeongmal yebbeul ggeoyeyo. 如果颜色用粉红色的话，再用这个宝石来装饰真的会很漂亮。 가격은 제가 특별히 20 프로 할인해 드릴게요. kagyeogeun jega tteukbbyeolhi isippeuro harinhae deurirggeyo. 价格特别给你打八折优惠。
제니퍼 jenippeo 珍妮弗	정말요? 네, 해 주세요. jeongmaryo? ne, hae juseyo. 真的吗？请帮我做。
디자이너 dijaineo 设计师	다음에 친구들 많이 소개해 주세요. taeume chingudeul mani sogaehae juseyo. 下次请多介绍朋友来。

可替换：
▶ 빨간색 红色
▶ 자주색 紫色

在韩国做美甲之前，建议要先预约。通常没有预约就必须等很长时间，因此提前预约比较好。

这些单词一定要学会

네일아트 neiratteu 名 指甲彩绘	컬러 kkeolleo 名 颜色、彩色	보석 poseok 名 宝石	장식하다 jangsikkada 动 装饰
예쁘다 yebbeuda 形 漂亮	가격 kagyeok 名 价格	특별히 tteukbbyeolhi 副 特别地	프로 ppeuro 名 百分比
할인 harin 名 打折	다음 taeum 名 下次、以后	친구 chingu 名 朋友	소개하다 sogaehada 动 介绍

补充　핑크 ppingkkeu 名 粉红色
　　　많이 mani 副 很多地

女孩们的韩语语法笔记

1. 动词＋는데요　啊、呢！

动词后面加上"는데요",表示说话者自己的想法或对事情与状态进行说明的终结语尾。

例　나는 제니퍼하고 한국에 6박 7일 여행 가는데요.
　　naneun jenippeohago hanguge yukbbakchiril yeohaeng ganeundeyo.
　　我和珍妮弗去韩国七天六夜旅行。

　　부장님께서 지금 댁에 안 계시는데요.
　　pujangnimggeseo jigeum taege an kyesineundeyo.
　　部长现在不在家。

2. 动词＋ㄹ/을 거예요　可能会……

动词后面加上"ㄹ/을 거예요",表示对事情或状态进行推测的意思。

例　양복 입으면 더 세련해 보일 거예요?
　　yangbok ibeumyeon teo seryeonhae boil ggeoyeyo?
　　穿上西装看起来会更成熟吗?

　　이 친구가 요리 잘 할 거예요.
　　i chinguga yori jal hal ggeoyeyo.
　　这个朋友好像很会做菜。

女孩们的韩语语法笔记

哈韩女孩小笔记——

指甲彩绘

韩国美甲彩绘的历史悠久，引领着时尚潮流。如果你不想做指甲彩绘，也可以进行手足保养！

크리스탈네일 kkeuriseuttalleil 名 水晶指甲	젤네일 jelleil 名 光疗指甲	손톱 sonttop 名 指甲	손톱 깎기 sonttop ggaggi 名 指甲剪
네일 핑거팩 neil ppinggeoppaek 名 指甲膜		애머리 보드 aemeori bodeu 名 指甲锉刀	네일 리무버 neil rimubeo 名 去光水
네일 스티커 neilseuttikkeo 名 指甲贴	베이스 코트 peiseu kkotteu 名 基础底油	손톱 강화제 sonttop ganghwaje 名 指甲硬甲油	
네일 아트 오일 neil atteu oil 名 指甲彩绘油	아크릴로 폴리머 akkeurillo ppollimeo 名 亚克力彩绘颜料		네일 팁 neil ttip 名 甲片
네일 글루 neil keullu 名 甲片胶	네일 시멘트 neil simentteu 名 指甲黏合剂	유비 램프 yubi raemppeu 名 UV 疗灯	베이스젤 peiseujel 名 底胶
브러시 온 젤 peureosi on jel 名 层胶	젤 컬러 jel kkeolleo 名 彩胶	손 케어 son kkeeo 名 手部保养	풋 케어 pput kkeeo 名 足部保养

Unit 8 去汗蒸幕蒸气房蒸一蒸

미미 mimi 美美	여기요. 때밀어 주세요. yeogiyo. ddaemireo juseyo. 这里。请帮我搓背。
종업원 jongeobwon 服务员	네, 좀 기다리세요. 금방 해 드리겠어요. ne, jom kidariseyo. keumbang hae deurigesseoyo. 好的,请稍等一下。马上为你服务。 먼저 땀 좀 빼시고 계세요. meonjeo ddam jom bbaesigo kyeseyo. 请先待在这里出出汗。
미미 mimi 美美	방이 많은데 어느 방이 제일 뜨거워요? pangi maneunde eoneu bangi jail ddeugeowoyo? 房间很多,哪间房最热呢?
종업원 jongeobwon 服务员	네, 불가마 찜질방이 제일 뜨겁고 아마 손님에게는 참숯 찜질방이나 황토 찜질방이 적당할 거예요. ne, pulgama jjimjilbangi jeil ddeugeopggo ama sonnimegeneun chamsut jjimjilbangina hwangtto jjimjilbangi jeokddanghal ggeoyeyo. 是的,火窟蒸气房最热,大概白炭蒸气房或者黄土蒸气房对客人您比较合适。 한 60도 정도 되니까요. han yukssipddo jeongdo toeniggayo. 因为大概有六十度。
미미 mimi 美美	네, 고마워요. 먼저 식혜하고 삶은 계란 좀 주세요. ne, komawoyo. meonjeo sikkehago salmeun geran jom juseyo. 好,谢谢。请先给我甜酒酿以及煮熟的鸡蛋。
종업원 jongeobwon 服务员	네. 먼저 키를 여기에 대시고 나가실 때 계산하시면 됩니다. ne, meonjeo kkireul yeogie taesigo nagasil ddae keksanhasimyeon doemnida. 好,钥匙这边感应碰触一下,出去时再结账就可以了。

★ 观光小常识

首尔龙山地铁站附近有一家非常豪华的汗蒸幕——"DRAGONHILL SPA(드래곤힐스파)",网址为:http://www.dragonhillspa.co.kr/。整栋楼有休息室、浴池,甚至还有健身房、空中庭院等。

★ 温馨小提醒 Tips

跟韩国人一样吃点식혜(甜酒酿)与맥반석 계란(麦饭石蛋),再到休息室里躺下来呼呼大睡,非常舒服!

这些单词一定要学会

한증막 hanjeungmak 名 汗蒸幕	때밀다 ttaemilda 动 搓背、搓垢	기다리다 kidarida 动 等待	금방 keumbang 名 马上
뜨겁다 ddeugeopdda 形 滚烫、热	불가마 찜질방 pulgama jjimjilbang 名 火窟蒸气房	참숯 찜질방 chamsut jjimjilbang 名 白炭蒸气房	황토 찜질방 hwangtto jjimjilbang 名 黄土蒸气房
적당하다 jeokddanghada 形 适合	식혜 sikke 名 甜酒酿	삶다 samdda 动 煮	계란 keran 名 鸡蛋
먼저 meonjeo 副 首先	키 kki 名 钥匙	대다 taeda 动 触摸、接触	나가다 nagada 动 出去

补充 | 계산하다 kesanhada 动 算账

女孩们的韩语语法笔记

1 动词/形容词+으니까요/니까요   因为……

动词或形容词后面有无收尾音加上"으니까요/니까요",表示前面句子是后面句子的原因或理由的终结语尾。

例 오늘 아침 늦게 일어났어요. 너무 피곤하니까요.
oneul achim neutgge ireonasseoyo. neomu ppigonhaniggayo.
今天早上晚起床。因为太累了。

요즘 기분이 너무 좋아요. 일등을 했으니까요.
yojeum kibuni neomu joayo. ilddeungeul haesseuniggayo.
最近心情很好,因为拿到第一名。

哈韩女孩小笔记——

豪华桑拿

韩国冬春两季比较寒冷,他们的澡堂可说是应有尽有,融合了各种蒸汽房、烤箱等设施。汗蒸幕说穿了就是一个超级豪华的桑拿,大家一起在里面排排汗、聊聊天,身心舒畅之余,还能达到瘦身的效果。下面就来看看和桑拿有关的单词。

女孩们的韩语语法笔记

마사지 masaji 名 按摩	사우나 sauna 名 桑拿	스파 seuppa 名 SPA、洗浴	온천 oncheon 名 温泉
삼림육 samnimyuk 名 森林浴	목욕탕 mogyokttang 名 澡堂、浴场	등 관리 teung kwalli 名 背部护理	오일 마사지 oil masaji 名 油压
손가락 마사지 songarak masaji 名 指压		전신 마사지 jeonsin masaji 名 全身按摩	

在美容室

1 최신 헤어스타일북 먼저 좀 보여 주세요.
choesin heeoseuttailbuk meonjeo jom poyeo juseyo.
请给我看最新的发型书。 ★헤어스타일북：发型书

2 이 사진 보세요. 이런 헤어스타일대로 해 주세요.
i sajin poseyo. ireon heeoseuttaildaero hae juseyo.
请看这照片。请帮我做这样的发型。 ★헤어스타일：发型

3 저에게 잘 어울리는 스타일로 잘 해 주세요.
jeoege jal eoullineun seuttaillo jal hae juseyo.
请好好地做一个适合我的发型。 ★어울리다：合适

4 너무 많이 자르지는 마시고 스타일은 그대로 1(일) 인치 정도만 잘라 주세요.
neomu mani jareujineun masigo seuttaireun keudaero irinchi jeongdoman jalla juseyo.
请不要剪得太短，发型就照原来那样，请剪一英寸就好。 ★자르다：剪

5 이런 웨이브는 저에게 잘 어울릴까요?
ireon weibeuneun jeoege jal eoullilggayo?
这种卷发适合我吗? ★웨이브：卷发

6 염색하고 파마하는데 시간이 얼마나 걸려요?
yeomsaekkago ppamahaneunde sigani eolmana keollyeoyo?
染发、烫发需要多少时间呢? ★염색하고：染发

7 머리 드라이어로 해 주시고 예쁘게 묶어 주세요.
meori deuraieoro hae jusigo yebbeuge muggeo juseyo.
请先帮我吹头发，然后再帮我漂亮地绑起来。 ★드라이어：吹风机

8 머리 숱이 적은 편인데 층지게 잘라야 해요?
meori suchi jeogeun ppyeoninde cheungjige jallaya haeyo?
发量算比较少，一定要剪层次吗? ★층지게 자르다：剪层次

9 앞머리를 약간 옆으로 하려면 어떻게 하죠?
ammeorireul yakggan yeoppeuro haryeomyeon eoddeokke hajyo?
刘海想要稍微往旁边，应该要怎么弄呢? ★앞머리：刘海

10 파마머리에 하는 모발케어 샴푸 팔아요?
ppamameorie haneun mobalkkeeo syamppu pparayo?
你们卖烫发用的护发洗发水吗? ★모발케어：护发

11 커트、염색、파마 같이 하면 **요금**이 얼마 정도 나와요?
kkeotteu、yeomsaek、ppama kachi hamyeon yogeumi eolma jeongdo nawayo?
剪发、染发、烫发一起做的话，大概需要多少费用呢？　★요금：费用

12 염색 후 머리는 언제 **감**을 수 있어요?
yeomsae kku meorineun eonje kameul ssu isseoyo?
染发后，什么时候可以洗头发呢？　★감다：洗（发）

买化妆品

13 **녹차** 성분으로 만든 **바디샴푸**가 있어요?
nokcha seongbuneuro mandeun padisyamppuga isseoyo?
有绿茶成分的沐浴乳吗？　★녹차：绿茶　바디샴푸：沐浴乳

14 여드름 **흔적** 없애는 수분크림이 효과가 있나요?
yeodeureum heunjeok eopssaeneun subunkkeurimi hyogwaga innayo?
去除青春痘疤痕的保湿霜有效果吗？　★흔적：疤痕

15 남성전용 **마스크팩**이 이거 밖에 없나요?
namseongjeonyong maseukkeuppaegi igeo bagge eomnayo?
男性专用的面膜除了这个外，没有别的吗？　★마스크팩：面膜

16 **로션**과 크림 중에 어떤 게 더 나을까요?
rosyeongwa kkeurim junge eoddeon ge teo naeulggayo?
乳液和霜中，哪个比较好？　★로션：乳液

17 요즘 제일 유행하는 립스틱 **색깔**이 뭐예요?
yujeum jeil yuhaenghaneun ripsseuttik saekggari mwoyeyo?
最近最流行的口红颜色是什么呢？　★색깔：颜色

18 장미 **향수 냄새**가 오래 지속되지는 않지요?
jangmi hyangsu naemsaega orae jisokddoejineun anchiyo?
玫瑰香水味道不能持久吗？　★향수：香水　냄새：味道

19 **CC 크림**은 어떻게 쓰면 좋을까요?
ssissikkeurimeun eoddeokke sseumyeon joeulggayo?
CC 霜怎么使用才好呢？　★CC 크림：CC 霜

Chapter 7

131

20 화장이 잘 안 먹는 사람은 어떤 제품이 효과가 있을까요?
hwajangi jal an meongneun sarameun eoddeon jeppumi hyugwaga isseulggayo?
什么产品对比较不吃妆的人有效果呢? ★화장: 化妆

21 까만 피부에 잘 어울리는 자연스러운 색깔이 뭐예요?
ggagman ppibue jal eoullineun jayeonseureoun saeggari mwoyeyo?
适合黑色皮肤的自然色彩是什么呢? ★자연스럽다: 自然的

22 정확한 사용방법 가르쳐 줄 수 있어요?
jeonghwakkan sayongbangbeop kareuchyeo jul ssu isseoyo?
可以教我正确的化妆方法吗? ★정확하다: 正确的

23 에센스 다 떨어졌는데 괜찮은 거 하나 추천해 주세요.
esenseu ta ddeoreojyeoneunde kwaenchaneun geo hana chucheonhae juseyo.
精华液用完了，可以推荐我一个不错的产品吗? ★에센스: 精华液
추천하다: 推荐

24 티비에 나오는 송혜교 화장품이 어떤 것인가요?
ttibie naoneun songhegyo hwajangppumi eoddeon geosingayo?
电视上出现的宋慧乔化妆品广告是哪一个呢? ★티비: 电视
송혜교: 宋慧乔

25 미백 효과 강한 팩이 어떤 거예요?
mibaek hyogwa kanghan ppaegi eoddeon geoyeyo?
美白效果比较强的面膜是哪一个呢? ★미백: 美白

26 지성피부 전용 파운데이션이 있어요?
jiseongppibu jeonyong ppaundeisyeoni isseoyo?
有油性皮肤专用的粉底液吗? ★파운데이션: 粉底液

美甲按摩

27 손 케어 코스는 시간이 얼마나 걸려요?
son kkeeo kkoseuneun sigani eolmana keollyeoyo?
护手课程要花多少时间呢? ★코스: 课程

28 반짝이는 다이아몬드 네일아트로 해 주세요.
panjjagineun taiamondeu neiratteuro hae juseyo.
请帮我弄闪亮的钻石美甲。 ★반짝이다: 闪亮 다이아몬드: 钻石

29 어깨가 뻐근한데 마사지 좀 해 주세요.
eoggaega bbeogeunhande masaji jom hae juseyo.
肩膀很酸，请帮我按摩。　★어깨：肩膀

30 여기 상처가 아픈데 좀 약하게 해 주세요.
yeogi sangcheoga appeunde jom yakkage hae juseyo.
这里的伤口很痛，请按摩力道轻一点。　★상처：伤口

31 전신 마사지 하려고 하는데 오일 좀 많이 발라 줘도 될까요?
jeonsin masaji haryeogo haneunde oil jom mani palla jwodo doelggayo?
我想要做全身按摩，油帮我多上一点可以吗？　★전신 마사지：全身按摩

32 언니, 여기 손톱깎기 해 줘요?
eonni, yeogi sonttopggakggi hae jwoyo?
姐姐，这里有帮人剪指甲吗？　★손톱깎기：剪指甲

33 때 먼저 밀어 주시고 전신 마사지 해 주세요.
ddae meonjeo mireo jusigo jeonsin masaji hae juseyo.
请帮我去污垢，然后再做全身按摩。　★때：污垢

34 발 마사지 많이 하면 위장에 좋을까요?
pal masaji mani hamyeon wijange joeulggayo?
常做脚底按摩对肠胃好吗？　★발마사지：脚底按摩

35 크리스탈 로즈 네일은 디스카운트 없어요?
kkeuriseuttal rojeu neireun tiseukkauntteu eopsseoyo?
水晶玫瑰美甲没有打折吗？　★크리스탈：水晶

36 너무 피곤한데 전신마사지 하면 좋을까요?
neomu ppigonhande jeonsinmasaji hamyeon joeulggayo?
身体太累了，做全身按摩好吗？　★피곤하다：累

整形话题

37 요즘 유행하는 얼굴모양이 어떤 스타일이에요?
yojeum yuhaenghaneun eolgulmoyangi eoddeon seuttairiyeyo?
最近流行什么样的脸型呢？　★얼굴모양：脸型

38 사각형 턱이 브이라인 되고 싶은데 어떻게 할까요?
sagakkyeong tteogi beuirain doego sippeunde eoddeokke halggyo?
方脸想变成 V 字脸，该怎么做好呢? ★사각형 턱: 方脸

39 의사선생님, 어떡해요. 제 얼굴이 주름이 많아질 것 같아요.
uisaseonsaengnim, eoddeokkaeyo. je eolguri jureumi manajil ggeot gattayo.
医生，该怎么办? 我脸上的皱纹越来越多了。 ★많아지다: 变多

40 수술하고 싶은 생각이 전혀 없는데요. 다른 방법이 없나요?
susulhago sippeun saenggagi jeonhyeo eomneundeyo. tareun pangbeobi eomnayo?
我完全不想动手术。有别的方法吗? ★방법: 方法

41 보톡스 한번 맞으면 얼마 정도 지속되나요?
pottoksseu hanbeon majeumyeon eolma jeongdo jisokddoenayo?
打一次玻尿酸大概可以维持多久呢? ★지속: 持续

42 눈이 작은데 쌍꺼풀수술 하면 예뻐질까요?
nuni jageunde ssangggeoppul susul hamyeon yebbeojilggayo?
眼睛小做双眼皮会变漂亮吗? ★쌍꺼풀: 双眼皮

43 한꺼번에 몇 가지 수술을 같이 할 수 있어요?
hanggeobeone myeot ggaji susureul kachi hal ssu isseoyo?
可以一次做几种手术呢? ★한꺼번: 一次

44 시술 후에 얼굴이 붓지 않을까요?
sisul hue eolguri putjji aneulggayo?
手术后脸不会肿胀吗? ★붓다: 肿胀

45 박신혜 같은 코로 만들고 싶어요.
pakssinhye gatteun kkoro mandeulgo sippeoyo.
我想做跟朴信惠一样的鼻子。 ★박신혜: 朴信惠

46 보톡스 소재는 인체에 안전한가요?
pokttukseu sojaeneun inchee anjeonhangayo?
玻尿酸的材料对人体安全吗? ★소재: 材料

47 시술 후에 어떤 음식을 먹으면 안 되나요?
sisul hue eoddeon eumsigeul meogeumyeon an doenayo?
手术后不可以吃什么食物呢? ★음식: 食物

Chapter 8
女孩们在韩国——购物篇

Unit 1 现在最流行哪一款牛仔裤？

Unit 2 可以算便宜一点吗？

Unit 3 我们钱不够，下次再来

Unit 4 这包打折吗？

Unit 5 有什么颜色的款式呢？

Unit 6 袖子太长了，请帮忙修改

Unit 7 有什么赠品兑换活动吗？

〔女孩们的应急韩语〕购物篇

购物血拼，绝对是令女孩们疯狂的一件事。对很多女孩而言，明洞、东大门购物商场、南大门市场以及乐天、现代等各家百货公司，都是不可错过的购物景点。

要注意的是，在路边摊或东大门商场等一般店家，基本上是可以砍价的。不过在百货公司或购物中心，就不能砍价了。倒是可以多多注意各大百货商场的周年庆或特价活动时间，也许有机会碰上大打折，省下不少钱。通常在周年庆时，都有购物满额送礼券的优惠，而且可以现场使用。

姐妹们，准备好了吗？一起来一场精彩的大血拼吧！

현재最流行哪一款牛仔裤?

MP3 08-01

미미 언니, 요새 유행하는 청바지 스타일이 뭐예요?
mimi eonni, yosae yuhaenghaneun cheongbaji seuttairi mwoyeyo?
美美 姐姐，最近流行的牛仔裤款式是什么？

可替换:
▶ 잘나가는 畅销的
▶ 인기제일 人气最好的

점원 날씬한 몸매를 표현할 수 있는 스키니진 어떠세요?
jeomwon nalssinhan mommaereul ppyohyeonhal ssu inneun seukkinijin eoddeoseyo?
店员 可以展现苗条身材的紧身窄管裤如何呢？

미미 아, 이 노란 스키니진이요? 색깔이 너무 밝아요. 다른 거 좀 짙은 색깔이 있나요?
mimi a, i noran seukkinijiniyo? saekggari neomu palgayo. tareun geo jom jitteun saekggari innayo?
美美 啊，这件黄色紧身窄管裤吗？颜色太亮了，有其他稍微深色的裤子吗？

可替换:
▶ 어두워요 暗
▶ 별로예요 不怎么样

점원 네, 있어요. 이 파란 색이 어떠세요? 손님한테 딱 맞는 것 같은데요.
jeomwon ne, isseoyo. i pparan saegi eoddeoseyo? sonnimhantte ddang manneun geot ggatteundeyo.
店员 是，有的。这蓝色如何呢？正好很适合客人！

미미 정말이에요? 저한테 딱 맞는 것 같다고 해요?
mimi jeongmarieyo? jeohantte ddang matneun geot ggatddago haeyo?
美美 真的吗？你说很适合我？

점원 네, 괜찮은데요. 한번 입어 보세요.
jeomwon ne, kwaenchaneundeyo. hanbeon ibeo boseyo.
店员 是的，不错。请试穿一次看看。

미미 네, 입어 볼게요.
mimi ne, ibeo bolggeyo.
美美 好，我来试穿看看。

★ 观光小常识
女孩们可别只顾着到东大门、明洞、南大门等地购物血拼，其实韩国人都不喜欢去这些地方买东西，因为这些热门景点观光客较多，商品售价也相对较高！如果想找到真正物美价廉的商品，可以考虑前往首尔国道客运转运站地下街、永登浦地下街、江南站地下街、蚕室乐天百货地下街、三成洞 COEX-Mall 等地下商场！

这些单词一定要学会

유행하다 yuhaenghada 动 流行	청바지 cheongbaji 名 牛仔裤	스타일 seuttail 名 款式、样式	날씬하다 nalssinhada 形 苗条、窈窕
몸매 mommae 名 身材	표현하다 ppyohyeonhada 动 表现	스키니진 seukkinijin 名 紧身窄管裤	노랗다 noratta 形 黄
색깔 saekggal 名 颜色	밝다 pakdda 形 明亮、光亮	짙다 jitdda 形 深、浓、浓厚	파랗다 pparatta 形 蓝

补充 | 딱 ddak 副 正好、刚好　　괜찮다 kwaenchantta 形 不错
　　 | 입어보다 ibeoboda 动 试穿

女孩们的韩语语法笔记

1　形容词＋ㄴ/은　……的

形容词语干有收音都加上"은",无收音加上"ㄴ",然后再接名词,表示"……的"。

例　여기에 괜찮은 남학생이 많군요.
　　yeogie kwaenchaneun namhakssaengi mankkunyo.
　　这里好多帅气的男学生啊！

　　시원한 날씨를 좋아해요.
　　siwonhan nalssireul joahaeyo.
　　我喜欢凉爽的天气。

2　形容词＋다고 하다　听说……、据说……

形容词后面加上"다고 하다",有引述别人说话的意思。

例　오빠가 그 영화가 재미있다고 해요.
　　obbaga keu yeonghwaga jaemiitddago haeyo.
　　哥哥说那部电影很有意思。

　　일기예보가 요새 날씨가 아주 덥다고 해요.
　　ilgiyeboga yosae nalssiga aju teopddago haeyo.
　　气象报告说最近天气很热。

女孩们的韩语语法笔记

哈韩女孩小笔记——

各式各样的服饰

好不容易来到明洞、东大门逛街,如果不买东西就等于白跑一趟了。这里的服饰可是应有尽有,女孩们怎么能空手而回呢?想找哪些服饰呢?看看以下的词汇吧!

치마 chima 名 裙子	원피스 wonppiseu 名 连身裙	드레스 teureseu 名 礼服	정장 jeongjang 名 套装
양복 yeongbok 名 西装	스웨터 seuwetteo 名 毛衣	자켓 jakket 名 夹克	긴팔 셔츠 kinppal syeocheu 名 长袖衬衫
반팔 티셔츠 panppal ttisyeocheu 名 短袖T恤	임부복 imbubok 名 孕妇装	모자 muja 名 帽子	폴로 티셔츠 ppollo ttisyeocheu 名 POLO衫

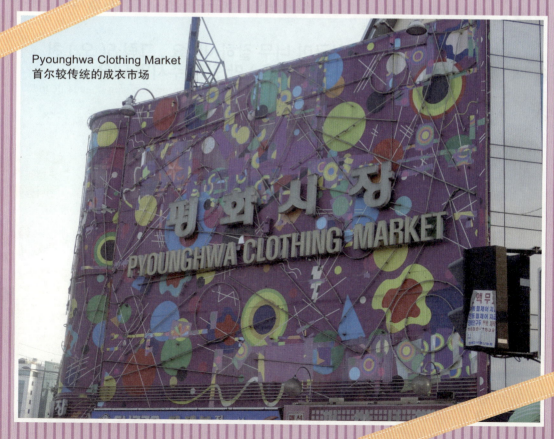

Pyounghwa Clothing Market
首尔较传统的成衣市场

Chapter 8

Unit 2 可以算便宜一点吗?

제니퍼 오빠, 이 빨간 모자하고 니트조끼、미니스커트 모두 얼마예요?
jenippeo　obba, i bbalgan mojahago nitteujoggi, miniseukkeotteu modu eolmayeyo?
珍妮弗　哥哥，这蓝色帽子以及针织背心、迷你裙合起来一共多少钱？

점원 네, 잠시만요. 계산해 드릴게요. 모자는 8(팔)천 원이고 니트조끼는 2(이)만 2(이)천 원이고 미니스커트는 3(삼)만 5(오)천 원이고 총 6(육)만 5(오)천 원입니다.
jeomwon　ne, jamsimanyo. kesanhae deurilggeyo. mojaneun ppalcheon wonigo nitteujoggineun imanicheon wonigo miniseukkeotteuneun sammanocheon wonigo chong yungmanocheon wonimnida.
店员　好，请稍等。为您计算一下。帽子是八千元，针织背心是两万两千元，迷你裙是三万五千元，一共六万五千元。

미미 오빠, 우리는 외국 유학생인데요. 지금 갖고 있는 돈이 모자라서요. 좀 깎아 줄 수 없을까요?
mimi　obba, urineun oeguk yuhakssaengindeyo. jigeum katggoinneun doni mojaraseoyo. jom ggagga jul ssu eopsseulggayo?
美美　哥哥，我们是外国留学生。现在带的钱不多，可以稍微算便宜一点吗?

점원 그래요? 한국어 너무 잘하시네요. 그럼 5(오)천 원 깎아 드리고 6(육)만 원만 주시면 돼요.
jeomwon　keuraeyo? hangugeo neomu jarasineyo. keureom ocheon won ggagga deurigo yungman wonman jusimyeon dwaeyo.
店员　是吗？韩语讲得很棒！那么少算五千元，给我六万元就行了。

제니퍼 네, 감사합니다. 앞으로 꼭 또 찾아 올게요.
jenippeo　ne, kamsahamida. appeuro ggok ddo chaja olggeyo.
珍妮弗　好，谢谢你。以后一定会再来的。

可替换：
▸ 나중에 日后
▸ 다음에 下次

★观光小常识
碰到韩国店员时，记得尽量与对方拉关系，看到男生叫오빠（哥哥），看到女生叫언니（姐姐）。可以说自己是留学生，比较容易杀价。多跟韩国店员聊天，不但可以拉近彼此的关系，把价钱压到最低，甚至还有机会要到一些赠品。

★温馨小提醒 Tips
在东大门商场等地方逛街时，聪明的女孩通常会先逛一圈，然后选择一家店"集中火力砍价采购"。可不要只买一样东西就想杀价，最好能在同一家店一次买足，这样比较容易杀价成功！

这些单词一定要学会

빨갛다 bbalgatta 形 红	모자 moja 名 帽子	니트조끼 nitteujoggi 名 针织背心	미니스커트 miniseukkeotteu 名 迷你裙
잠시 jamsi 名 一会、片刻	모두 modu 副 全、都	총 chong 冠 全、都	오빠 obba 名 哥哥（女生用）
우리 uri 名 我们	외국 oeguk 名 外国	유학생 yuhakssaeng 名 留学生	갖다 katdda 动 带、拿
모자라다 mojarada 形 少、缺、不够	너무 neomu 副 太、很、非常	그렇다 keureotta 形 那个、是的、那样	잘하다 jarada 动 擅长、会

女孩们的韩语语法笔记

1. 动词 + ㄹ/을게요． 我要……

动词语干加上"ㄹ/을게요．"，表示自己向别人约定、承诺要做什么事的语尾。

  급한 일이 있어서 먼저 갈게요．
keuppan niri isseoseo meonjeo galggeyo.
我有急事要先走。

회사일이 꼭 열심히 할게요．
hoesairi ggok yeolssimhi halggeyo.
我一定会认真做公司的事。

2. 动词 + 고 있다． 正在做……

动词语干后面加上"고 있어요"，表示目前正在做什么事的现在进行时。

  아이들이 공원에서 놀고 있어요．
aideuri kongwoneseo nolgo isseoyo.
小孩们正在公园玩耍。

그 여자가 신문을 읽고 있어요．
keu yeojaga sinmuneul ilggo isseoyo.
那女生正在看报纸。

Unit 3 · 我们钱不够，下次再来

미미 | 이 귀걸이, 목걸이하고 반지 같이 사면 얼마예요?
mimi | i kwigeori、mokggeorihago panji gachi samyeon eolmayeyo?
美美 | 这耳环和项链、戒指一起买是多少钱呢?

점원 | 귀걸이는 2(이)만 5(오)천 원이고 목걸이는 3(삼)만 5(오)천 원이고 반지는 만 원이고 모두 합쳐서 7(칠)만 원입니다.
jeomwon | kwigeorineun imanocheon wonigo mokggeorineun sammanocheon wonigo panjineun man wonigo modu hapchyeoseo chilman wonimnida.
店员 | 耳环是两万五千元，项链是三万五千元，戒指是一万元，合起来一共是七万元。

미미 | 언니, 6(육)만 원으로 깎아 줄 수 있나요?
mimi | eonni, yungkman woneuro ggagga jul ssu innayo?
美美 | 姐姐，可以算我六万元吗?

점원 | 안 됩니다. 6(육)만 5(오)천 원까지 깎아 드릴 수 있어요.
jeomwon | and twoemnida. yungmanocheon wonggaji ggagga deuril ssu isseoyo.
店员 | 不可以的。我只能算便宜到六万五千元。

미미 | 너무 좋은데 남은 돈이 모자라서요. 다음에 꼭 올게요. 여기서 파는 **액세서리**가 너무 다양하고 예쁘네요.
mimi | neomu joeunde nameun doni mojaraseoyo. taeume ggok olggeyo. yeogiseo ppaneun aeksseseoriga neomu tayanghago yebbeuneyo.
美美 | 东西是很不错，不过因为剩下的钱不够。下次一定会再来的。这里卖的饰品样式多又很漂亮。

> 可替换：
> 벨트　皮带
> 지갑　皮夹

점원 | 네, 감사합니다. 다음에 또 오세요.
jeomwon | ne, kamsahamnida. taeume ddo oseyo.
店员 | 好，谢谢。欢迎下次光临。

★温馨小提醒 Tips

女孩们请注意，在韩国买东西时，"绝对不要二次杀价"。依照韩国人习惯，出了价钱后，就只有"接受或不接受"两种选择，如果卖家不愿降价，千万不要讨价还价，以免引起卖家不快。如果杀价后的价格仍不合心意，也别马上掉头就走，最好能编一些理由，婉转地表达自己决定不买。最后，记得称赞对方的东西不错，并表示下次还会再来，说不定会出现令人意外的结果。

这些单词一定要学会

귀걸이 kwigeori 名 耳环	목걸이 mokggeori 名 项链	하고 hago 助 以及	반지 panji 名 戒指
같이 kachi 副 一起	사다 sada 动 买	남다 namdda 动 剩下	돈 ton 名 钱
팔다 ppalda 动 卖	액세서리 aeksseseori 名 饰品	다양하다 tayanghada 形 多样、各种各样	예쁘다 yebbeuda 形 漂亮
감사하다 kamsahada 动 形 谢谢、感谢	다음 taeum 名 以后、下一个	또 ddo 副 又、再	깎아 주다 ggagga juda 动 杀价

女孩们的韩语语法笔记

1. 形容词＋아서요 / 어서요 / 여서요　因为……

形容词后面语干属阳性元音、阴性元音，"하다"类分别加上"아서요 / 어서요 / 여서요"放在句尾，表示回答对方问题的理由或原因。

例　너무 바빠서요.
neomu pabbaseoyo.
因为太忙。

아기 말이 늦어서요.
agi mari neujeoseoyo.
因为小孩讲话慢。

2. 动词 / 形容词＋으면 / 면　如果……

动词或形容词有无收音加上"으면 / 면"，表示"如果……"的假设用法。

例　시간이 있으면 한국에 같이 가요.
sigani isseumyeon hanguke gachi gayo.
如果有时间的话，一起去韩国吧！

女孩们的韩语语法笔记

돈이 많으면 좋겠습니다.
toni maneumyeon jokketsseumnida.
我希望有很多钱。

哈韩女孩小笔记——

各式各样的饰品

在东大门和南大门,除了能买到流行服饰之外,也有许多漂亮、有设计感的饰品,而且价格大部分都比较便宜!关于饰品的词汇,请参考下面的表格。

핀 ppin 名 别针	팔찌 ppaljji 名 手镯、手链	발찌 paljji 名 脚链	허리띠 horiddi 名 腰带
리본 ribon 名 蝴蝶结	나비넥타이 nabinekttai 名 蝴蝶领结	머리띠 meoriddi 名 发带	머리핀 meorippin 名 发夹

明洞有许多好逛的服饰摊

南大门附近的南大门市场也有卖衣服

Unit 4 这包打折吗?

 08-04

정이 / jeongi / 静怡
여기요. 이 초록색 티셔츠 얼마예요?
yeogiyo. i chorokssaek ttisyeocheu eolmayeyo?
这里！请问这件绿色T恤多少钱？

점원 / jeomwon / 店员
4(사) 만 2(이) 천 원입니다.
samanicheon wonimnida.
四万两千元。

정이 / jeongi / 静怡
지금 디스카운트 있나요? 몇 퍼센트 할인해 줄 수 있어요?
jigeum diseukkauntteu innayo? myeot ppeosentteu harinhae jul ssu isseoyo?
现在打折吗？可以给我多少折扣呢？

점원 / jeomwon / 店员
네, 지금 세일 중입니다. 티셔츠는 30(삼십) 퍼센트 할인해 드리겠습니다.
ne, jigeum seil jungimnida. ttisyeocheuneun samsipppeosentteu harinhae deurigetsseumnida.
有，现在特价中。T恤打七折。

정이 / jeongi / 静怡
그래요? 저쪽 까만색 가방도 30(삼십) 퍼센트 할인 받을 수 있어요?
keuraeyo? jeojjok kkamansaek ggabangdo samsipppeosentteu harin pateur ssu isseoyo?
是吗？那边黑色的包也可以打七折吗？

점원 / jeomwon / 店员
죄송하지만 가방류는 **최신상품** 이라서 세일이 없습니다.
joesonghajiman kanangnyuneun choesinsangppumiraseo seiri eopsseumnida.
很抱歉，包类是最新商品，没有特价。

可替换：
▶ 인기상품　人气商品
▶ 히트상품　热卖商品

정이 / jeongi / 静怡
그럼, 이 티셔츠 싸 주세요.
keureom, i ttisyeocheu ssa juseyo.
那么，请帮我包这件T恤。

★温馨小提醒 TIPS

在韩国的百货公司，可以很惬意地慢慢逛。当然这里的东西并不便宜，最好事先调查何时有周年庆或换季特价活动，才有机会用低廉的价格买到优质商品。虽然百货公司是不议价的，但品质也比较有保障！

Chapter 8

这些单词一定要学会

초록색 chorokssaek 名 绿色	티셔츠 ttisyeocheu 名 T 恤	디스카운트 tiseukkauntteu 名 折扣	퍼센트 ppeosentteu 名 百分比
할인하다 harinhada 动 打折	세일 seil 名 特价	저쪽 jeojjok 名 那边	까만색 ggamansaek 名 黑色
가방류 kabangnyu 名 包类	최신상품 choesinsangppum 名 最新商品	싸다 ssada 形 便宜	싸 주다 ssa juda 动 打包

女孩们的韩语语法笔记

名词+라서/이라서　因为是……

名词加上"라서/이라서",表示"因为是……",属于比较口语的用法。

例 **좋은 친구라서 도와 줄게요.**
joeun chinguraseo towa julggeyo.
因为是好朋友,我会帮你的。

휴일이라서 사람이 별로 없어요.
hyuiriraseo sarami pyeollo eopsseoyo.
因为是休假,没有什么人。

2. 名词+중　在……中

在名词后面加上"중",表示在什么状况中。

例 **수업 중에 떠들면 안 돼요.**
sueop jjunge ddeodeulmyeon an dwaeyo.
上课时不可以吵闹。

미미 씨가 지금 통화 중인데요.
mimi ssiga jigeum ttonghwa jungindeyo.
美美小姐现正在通话中。

Unit 5 有什么颜色的款式?

08-05

제니퍼 jenippeo 珍妮弗	이 반바지는 어떤 색깔 이 있을까요? i panbajineun eoddeon saekggari isseulggayo? 这件短裤有哪些颜色呢?

可转换:
- 스타일 样式
- 사이즈 尺寸

점원 jeomwon 店员	흰색하고 갈색 두 가지가 있어요. huinsaekkgo kalssaek tu gajiga isseoyo. 有白色、褐色两种。
제니퍼 jenippeo 珍妮弗	이 반바지 입어 봐도 될까요? 제 사이즈는 55(오십오) 호인데요. i panbaji ibeo bwado doerggayo? je saijeuneun osibohoindeyo. 可以试穿这件短裤吗? 我的尺码是五十五号。
점원 jeomwon 店员	네, 새 것 하나 가져다 드릴 테니까 입어 보세요. ne, sae geot hana kajyeoda deuril ttenigga ibeo boseyo. 好,我拿一件新的让您穿穿看。
제니퍼 jenippeo 珍妮弗	사이즈가 딱 맞네요. 이 바지에 맞는 상의가 있나요? saijeuga ddang manneyo. i pajie manneun sangiga innayo? 尺码刚刚好。有什么上衣可以搭配吗?
점원 jeomwon 店员	네, 브이라인 셔츠하고 폴로셔츠 있는데 어떤 거 원하세요? ne, peui rain syeocheuhago ppollosyeocheu inneunde eoddeon geo wonhaseyo? 有,有衬衫型和polo衫,请问您要哪种?
제니퍼 jenippeo 珍妮弗	이 브이라인 셔츠 주세요. 모두 얼마예요? i peui rain syeocheu juseyo. modueol eolmayeyo? 我要这件衬衫,一共多少钱呢?
점원 jeomwon 店员	반바지는 5(오)만 9(구)천 원이고 브이라인 셔츠는 7(칠)만 9(구)천 원이고 모두 13(십삼)만 8(팔)천 원입니다. panbajineun omangucheon wonigo peuirain syacheuneun chilmangucheon wonigo modu sipssam man ppal cheon wonimnida. 短裤五万九千,上衣七万九千,一共是十三万八千元。
제니퍼 jenippeo 珍妮弗	네, 카드로 계산해 주세요. ne, kkadeuro kesanhae juseyo. 好的,请帮我刷卡结账。

★温馨小提醒 Tips

韩国的服装尺寸是以"数字"来标示的。女装尺寸:44(XS)、55(S)、66(M)、77(L);男装尺寸:90(XS)、95(S)、100(M)、105(L)、110(XL)。

这些单词一定要学会

반바지 panbaji 名 短裤	색깔 saekggal 名 颜色	흰색 huinsaek 名 白色	갈색 kalssaek 名 褐色
두 tu 名 两、二 （韩语数字둘）	가지 kaji 名 种类	사이즈 saijeu 名 尺寸	새 것 sae geot 名 新东西
상의 sangi 名 上衣	브이라인 셔츠 peuirain syeocheu 名 V 领衫	폴로셔츠 ppollosyeocheu 名 Polo 衫	카드 kkadeu 名 信用卡

女孩们的韩语语法笔记

1　动词＋ㄹ/을 테니까　会……、要……

动词加上"ㄹ/을 테니까"，表示说话者的意志，有"会……""要……"的意思。

例　**난 이걸 먹을 테니까 넌 저걸 먹어라.**
　　nan igeol meogeul ttenigga neon jeogeol meogeora.
　　我要吃这个，你吃那个。

　　내가 약속을 지킬 테니까 포기하지 말아요.
　　naega yakssogeul jikkil ttenigga ppogihaji marayo.
　　我会遵守约定，你不要放弃。

2　名词＋에 맞다　符合……、适合……

名词加上"에 맞다"有"符合……"或"适合……"的意思。

例　**이 기사보도가 사실에 맞네요.**
　　i gisabodoga sasire manneyo.
　　这篇新闻报道符合事实！

　　이태리 음식이 내 입에 맞아요.
　　ittaeri eumsigi nae ibe majayo.
　　意大利食物合我的胃口。

哈韩女孩小笔记——

不同颜色的说法

韩国的服饰色彩缤纷,令人眼花缭乱。不论是上衣还是裙子,都有各式各样的颜色。你最喜欢哪种颜色呢?把下面的词汇记下来吧!

자주색 jajusaek 名 紫色	주홍색 juhongsaek 名 橘红色	분홍색 punhongsaek 名 粉红色	빨간색 bbalgansaek 名 红色
검은색 keomeunsaek 名 黑色	초코색 chokkosaek 名 巧克力色	크림색 kkeurimsaek 名 乳白色	커피색 kkeoppisaek 名 咖啡色

Unit 6 袖子太长了，请帮忙修改

정이 　이 셔츠가 너무 긴데 소매를 고쳐 줄 수 있을까요?
jeongi　i syeocheuga neomu kinde somaereul kochyeo jul ssu isseulggayo?
静怡　这件衬衫穿起来太长，袖子可以修改吗？

可替换：
큰데　大
이상한데　奇怪

점원　예, 가능합니다. 그렇지만 내일 오후에나 찾으실 수 있어요.
jeomwon　ye, kaneunghamnida. keureochiman naeil ohuena chajeusil ssu isseoyo.
店员　可以，但明天下午才能过来拿。

정이　그리고 이 반바지도 길 것 같은데 길이 고쳐 줄 수 있을까요?
jeongi　kerigo i banbajido kil geot ggatteunde kiri kochyeo jul ssu issuelggayo?
静怡　短裤的长度好像也有点长，这也可以修改吗？

점원　예, 내일 받을 수 있어요.
jeomwon　ye, naeil padeul ssu isseoyo.
店员　是的，也是明天才能拿。

정이　네, 알겠어요. 길이를 좀 재어 주세요.
jeongi　ne, algesseoyo. kirireul jom jaeeo juseyo.
静怡　好，知道了。那就麻烦帮我量一下长度。

점원　네, 영수증 끊어 드리겠어요.
jeomwon　ne, yeongsujeung ggeuneo deurigesseoyo.
店员　好，那我开收据给你。

★温馨 Tips 小提醒
在韩国百货公司买衣服时，如果觉得不够合身，可以要求免费修改长度，不过通常没办法马上拿到，大多要隔天才能完成。记得向店员索取收据，以免取货时造成麻烦！

정이　수고하세요.
　　　내일 찾으러 올게요.
jeongi　sugohaseyo. naeil chajeureo olggeyo.
静怡　辛苦了，我明天再过来拿。

这些单词一定要学会

소매 somae 名 袖子	고치다 kochida 动 修改	길이 kiri 名 长度	받다 patdda 动 收
재다 jaeda 动 量	영수증 yeongsujeung 名 收据	끊어 주다 ggeuneo juda 动 开立	커피색 kkeoppisaek 名 咖啡色

女孩们的韩文文法笔记

 形容词+ㄹ/을 것 같다　好像……

形容词后面加上"ㄹ/을 것 같다"，表示"似乎、好像"的意思。

例　내일도 바쁠 것 같아요.
　　naeildo pabbeul geot ggattayo.
　　明天好像也会很忙。

　　그 초미니 스커트가 짧을 것 같습니다.
　　keu chomini seukkeotteuga jjalbeul geot ggatsseumnida.
　　那件超短迷你裙好像太短了。

 名词+도　也……

名词后面加上"도"，表示具有共同点或交集，可翻译为"也……"的意思。

例　저도 대학생입니다.
　　jeodo taehakssaengimnida.
　　我也是大学生。

　　오늘도 좋은 날이에요.
　　oneuldo joeun narieyo.
　　今天也是美好的一天。

Unit 7 有什么赠品兑换活动吗？

08-07

미미 혹시 오늘 무슨 축하 페스티벌 있나요?
mimi　hokssi oneul museum chukka ppeseuttibeol innayo?
美美　请问今天有什么庆祝活动吗?

可替换：
► 행사　活动
► 이벤트　活动 (event)

점원 네, 오늘부터 저희 백화점 개점 10주년 맞아서 다양한 축하 페스티벌을 개최하고 있어요. 손님들이 10만 원이상 상품을 구입하시면 만 원어치의 상품권 드립니다.
jeomwon　ne, oneulbutteo jeohui baekkwajeom gaejeom sipjjunyeon majaseo tayanghan chukka ppeseuttibeoreul kaechoehago isseoyo. sonnimdeuri simman wonisang sangppumeul kuippasimyeon man woneochie sangopumgwon deulimnida.
店员　是的，我们百货公司正举行周年庆。顾客有满十万元送一万元商品券的活动。

미미 와, 오늘 쇼핑도 하고 사은품도 받고 기분 좋은 날인데요.
mimi　wo, oneul syoppingdo hago saeunppumdo patggo kibun joeun narindeyo.
美美　哇，今天又血拼又拿赠品，真是心情好的日子。

可替换：
► 경품　赠品
► 증정품　礼物

점원 그리고 여러 사은행사가 있으니까 많이 구경해 보세요.
jeomwon　keurigo yeoreo saeunhaengsaga isseunigga mani kugyeonghae boseyo.
店员　还有各种赠品活动，请多逛逛看。

★温馨小提醒 Tips
韩国百货公司的"满额赠礼"，就是购买超过多少金额可获得一定整额的商品券，可以当天立刻在百货商场或美食街使用。另外也有"积点赠送"兑换"来店礼"的活动，或是像沐浴乳、洗衣液等日常用品兑换。

Chapter 8

这些单词一定要学会

혹시 hokssi 副 是否、或许	축하 chukka 名 祝贺	페스티벌 ppeseuttibeol 名 庆祝活动	개점 kaejeom 名 开幕
맞다 matdda 动 迎接	이벤트 ibentteu 名 活动	행사 haengsa 名 活动、典礼	개최하다 kaechoehada 动 举行
이상 isang 名 以上	구입하다 kuippada 动 购买	상품권 sangppumgwon 名 商品券	사은품 saeunppum 名 赠品

补充　기분 kibun 名 心情
　　　구경하다 kugyeonghada 动 逛逛、参观

女孩们的韩语语法笔记

 혹시 ... ? 或许……、是否……?

혹시是副词"或许、是否"的意思,只能放在问句中表示疑问或推测。

例 혹시 빨간 모자 있나요?
hokssi bbalgan moja innayo?
是否有红色的帽子呢?

혹시 오빠 회사 전화번호 알아요?
hokssi obba hoesa jeonwabeonho arayo?
是否知道哥哥公司的电话号码呢?

 动词/形容词+으니까/니까 ……因为……

动词或形容词有无收音加上"으니까/니까",表示"因为……",但句子后面必须要加上劝诱句或命令句。

例 비가 오니까 우산 가져 가세요.
piga onigga usan kajyeo gaseyo.
因为下雨,请带着雨伞。

이 한복이 밝으니까 빨리 사요.
i hanbogi palgeunigga bballi sayo.
这韩服很漂亮,赶快买吧!

哈韩女孩小笔记——

购买衣服的必学单词

逛街血拼时,你可能会出现这些疑问——腰围、臀围用韩语如何表达?内衣和睡衣等贴身物品要怎么说?旅行前不妨先做功课,把下面这些相关单词记起来吧!

어깨넓이 eoggaeneolbi 名 肩宽	목둘레 mokddulle 名 领围	가슴둘레 kaseumdulle 名 胸围	허리둘레 heoridulle 名 腰围
엉덩이둘레 eongdeongidulle 名 臀围	한 벌 han beol 名 一套	두 장 tu jang 名 两件	잠옷 jamot 名 睡衣
속옷 sokot 名 内衣	팬티 ppaentti 名 内裤	브래지어 peuraejieo 名 胸罩	

女孩们的应急韩语 购物篇

挑选衣服

1 저 빨간 색 원피스 얼마예요?
jeo bbalgan saek wonppiseu eolmayeyo?
那件红色的连身裙是多少钱呢?
★ 빨간 색: 红色的 원피스: 连身裙

2 정말요? 입어 볼 수 있어요?
jeongmaryo? ibeo bol ssu isseoyo?
真的吗? 可以试穿吗?
★ 정말: 真的

3 예, 물론이죠. 저쪽 피팅룸에서 입어 보세요.
ye, mullonijyo. jeojjok ppittingrumeseo ibeo boseyo.
好, 当然可以。请到那边试衣间试穿。
★ 피팅룸: 试衣间

4 네, 아주 딱 맞네요. 포장해 주세요.
ne, aju ddang manneyo. ppojanghae juseyo.
好, 太合身了! 请帮我包装起来。
★ 포장하다: 包装

5 이 조끼는 어때요? 그 치마하고 잘 어울릴 것 같은데...
i joggineun eoddaeyo? keu chimahago jal eoullil geot ggatteunde...
这件背心怎么样呢? 好像跟那件裙子很搭配……
★ 조끼: 背心

6 그 하얀 티셔츠가 얼마예요? 친구한테 선물하려고 하는데 사이즈가 어떻게 되죠?
keu hayan ttisyeocheuga eolmayeyo? chinguhantte seonmulharyeogo haneunde saijeuga eoddeokke doejyo?
那白色T恤是多少钱呢? 想送给朋友当礼物, 尺寸是多少呢?
★ 하얀: 白色
  선물: 礼物

7 90(구십) 호인데 친구가 날씬한 편인가요?
kusippoinde chinguga nalssinhan ppyeoningayo?
这件是九十号, 你朋友身材纤瘦吗?
★ 날씬하다: 纤瘦、苗条

8 내 친구는 가슴이 아주 큰데 어울리겠나요?
nae chinguneun kaseumi aju kkeunde eoulligennayo?
我朋友胸部比较大, 应该很适合吧?
★ 가슴: 胸部

9 그럼요. 요새는 가슴이 커도 타이트하게 입는 편이에요.
keureonyo. yosaeneun kaseumi kkeodo ttaitteuhage imneun ppyeonieyo.
当然啊。最近胸部大的人都穿得很紧身。
★ 요새: 最近 타이트: 紧

10 하하, 그럼 이걸로 할게요. 카드로 해도 되죠?
haha, keureom igeollo halggeyo. kkadeuro haedo doejyo?
哈哈，那么请给我这个。可以用信用卡结账吗？

★카드：信用卡

挑选鞋子

11 이 핑크 하이힐 굽이 몇 센티예요?
i ppingkkeu haihil gubi myeot senttiyeyo?
这粉红色高跟鞋的鞋跟是几厘米？

★하이힐：高跟鞋　센티：厘米

12 8(팔) 센티인데 10(십) 센티도 있어요. 한번 신어 보세요.
ppalsenttiinde sipsenttido isseoyo. hanbeon sineo boseyo.
有八厘米的，也有十厘米的。请试穿一下看看。

★신어 보다：试穿

13 좀 작은 것 같은데 한 치수 큰 걸로 줘 보세요.
jom jageun geot ggatteunde han chisu kkeung keollo jwo boseyo.
好像有点小呢，可以给我小一个尺寸的试试吗？

★치수：尺寸

14 아, 좋아요. 이게 딱 맞네요. 한번 걸어 볼게요.
a, joayo. ige ddang manneyo. hanbeon keoreo bolggeyo.
啊，很好。这个刚好很合适。我走走看。

★걸어보다：走走看

15 이 거울을 보면서 걸어 보세요. 정말 다리각선미가 짱이네요.
i geoureul pomyeonseo keoreo boseyo. jeongmal tarigaksseonmiga jjangineyo.
请看着镜子走走看。美腿曲线真的很赞。

★다리각선미：美腿曲线

16 그리고 조깅화도 하나 보여 주세요.
keurigo joginghwado hana poyeo juseyo.
还有请给我看看运动鞋。

★조깅화：运动鞋

17 나이키와 아디다스가 있는데 어떤 걸 좋아해요?
naikkiwa adidaseuga inneunde eoddeon geol joahaeyo?
NIKE 和 ADIDAS 的都有，你喜欢哪种呢？

★좋아하다：喜欢

18 아무래도 상관없어요. 색깔이 핑크였으면 좋겠네요.
amuraedo sanggwaneopsseoyo. saekggri ppingkkeuyeosseumyeon jokkenneyo.
哪个牌子都没关系。只要颜色是粉红色的就好。

★상관없다：没关系
　색깔：颜色

19 핑크 색깔이면 리복 신상품이 있어요.
ppingkkeu saekggarimyeon ribok sinsangppumi isseoyo.
如果是粉红色，锐步也有新品。　★신상품：新品

20 아주 편한데요. 땀 배출기능이 있나요?
aju ppyeonhandeyo. ddam baechulgineungi innayo?
好舒适啊。有排汗功能吗？　★땀 배출기능：排汗功能

21 네, 물론이죠. 땀 배출기능과 삼중쿠션 기능이 있어서 아주 잘 팔립니다.
ne, mullonijyo. ddam baechulgineunggwa sanjungkkusyeon kineungi isseoseo aju jal ppallimnida.
是的，当然有啊。排汗功能和三重气垫功能都有，卖得很好。

22 여기 구두상품권으로 계산해도 되나요?
yeogi kudusangppumgwoneuro kyesanhaedo doenayo?
这里可用皮鞋商品券结账吗？　★구두상품권：皮鞋商品券

23 상품권은 일부 상품만 가능합니다. 신상품은 이용하실 수 없습니다.
sangppumgwoneun ilbu sangppumman kaneunghamnida. sinsangppumeun iyonghasil ssu eopsseumnida.
商品券只可以买一部分产品。不能购买新品。　★일부：一部分
　　　　　　　　　　　　　　　　　　　　　　이용하다：利用

24 손님 발사이즈가 어떻게 되나요? 한국은 신발사이즈가 센티미터입니다.
sonim palsaijeuga eoddeokke doenayo? hangugeun sinbalsaijeuga senttimitteoimnida.
客人的脚尺寸是多少呢? 韩国鞋子的尺寸是厘米。　★발사이즈：脚尺寸

25 중국 사이즈가 8(팔)이면 240(이백사십)이 맞나요?
jungguk saijeuga ppalimyeon ibaekssasibi mannayo?
中国尺寸八是二百四十号，对吗？　★맞다：对

买纪念品

26 저 캐릭터 인형이 귀엽네요. 카톡 인형 맞죠?
jeo gaerikteo inhyeoni kwiyeomneyo. kkattok inhyeong matjjyo?
那个玩偶娃娃好可爱啊。请问是KAKAOTALK 娃娃对吗？

27 네, 카톡도 있고 라인 캐릭터 인형도 다 진열되어 있습니다.
ne, kkattokddo itggo rain gaerikteo inheyongdo ta jinyeoldoeeo itsseumnida.
是的，KAKAOTALK 和 LINE 的玩偶娃娃全都有展示。　★인형：娃娃
　　　　　　　　　　　　　　　　　　　　　　　　　　　진열：展示

Chapter 8

28 와, 참 많네요. 천천히 **돌아볼게요**.
wa, cham manneyo. cheoncheonhi torabolggeyo.
哇，真的好多啊。我要慢慢逛逛看。　★**돌아보다**：逛逛看

29 마음에 드시면 이 **바구니**에 담아 주세요.
maeume deusimyeon i bakunie tama juseyo.
您如果有喜欢的，请装在篮子里。　★**바구니**：篮子

30 **열쇠 고리**도 있나요? 한국전통 **문양**이 들어있는 기념품 좀 보여 주세요.
yeolsoe gorido innayo? hangukjeonttong munyangi teureoinneun kinyeomppum jom poyeo juseyo.
也有钥匙圈吗？请给我看看有印着韩国传统花纹的纪念品。　★**열쇠 고리**：钥匙圈
　★**문양**：花纹

31 이 한국 **신랑 신부** 열쇠 고리가 어때요? 비싸지도 않아요.
i hanguk sillang sinbu yeolsoe goriga eoddaeyo? ppissajido anayo.
这个韩国新郎新娘钥匙圈如何呢？还不贵。　★**신랑신부**：新郎新娘

32 아, 이게 좋겠네요. 이걸로 20(**스무**) 개 주세요.
a, ige jokkenneyo. igeollo seumugae juseyo.
啊，这个很不错呢。请给我二十个。　★**20 개**：二十个

33 너무 **잘 나가서** 15(**열다섯**) 개 밖에 없어요. 다른 걸로 골라 보세요.
neomu jal lagaseo yeoldaseotggae bagge eopsseoyo. tareun geollo kolla boseyo.
卖得太好只剩下十五个了。请挑选其他的东西。　★**잘 나가다**：畅销

34 그럼 열쇠 고리 말고 **방석**이랑 **쿠션** 좀 볼게요.
keureom yeolsoe gori malgo pangseogirang kkusyeon jom bolggeyo.
那么除了钥匙圈，我看看垫子和抱枕。　★**방석**：垫子　**쿠션**：抱枕

35 **종류**가 너무 많아서 다 사고 싶어요.
jongnyuga neomu manaseo ta sago sippeoyo.
种类真的好多，好想全部都买。　★**종류**：种类

36 네, 많이 사면 **할인**해 드릴게요.
ne, mani samyeon harrinhae deurilggeyo.
好，买很多的话就给你打折。　★**할인하다**：打折

37 공항에서 세금도 환급 받을 수 있어요.
konghangeoseo segeumdo hwangeup bbadeul ssu isseoyo.
在机场还可以退税。　★세금: 税金　환급: 退

38 유리 케이스가 깨지지 않을까요?
yuri kkeiseuga ggaejiji aneulggayo?
玻璃外壳不会打破吗?　★유리케이스: 玻璃外壳

39 마음을 놓으세요. 잘 포장해 드릴게요.
maeumeul noeuseyo. jal ppojanghae deurilggeyo.
请你放心。我会好好地包装。　★마음: 心

40 예쁜 박스 안에 넣어서 리본도 달아 드릴게요.
yebbeun baksseu ane neoeoseo ribondo tara deurilggeyo.
放进漂亮的盒子内，也会打上缎带。　★박스: 盒子　리본: 缎带

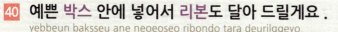
退货 换货

41 어제 산 옷인데 너무 작아서요. 사이즈 큰 걸로 바꿀 수 있나요?
eoje san osinde neomu jagaseoyo. saijeu kkeun geollo paggul ssu innayo?
昨天买的衣服太小了。可以更换大一号的尺寸吗?　★사이즈: 尺寸

42 네, 물론이죠. 같은 색깔을 원하시나요?
ne, mullonijyo. katteun saekggareul wonhasinayo?
好，当然没问题。还是要同一个颜色吗?　★물론: 当然

43 현금으로 바꿔 줄 수 있나요?
hyeongeumeuro paggwo jul ssu innayo?
可以退钱吗?　★현금: 现金

44 안 됩니다. 교환만 가능합니다.
an doemnida. kyohwanman kaneunghamnida.
不可以的。只可以换货。　★교환: 换货

45 그렇다면 좀 큰 사이즈로 주세요.
keureottamyeon jom kkeun saijeuro juseyo.
那么请给我大一号的衣服。　★그렇다면: 那么

Chapter 8

46 입어 볼게요. 역시 좀 작은데요. 한 치수 큰 걸로 주세요.
ibeo bolggeyo. yeokssi jom jageundeyo. han chisu kkeun geollo juseyo.
我来试穿看看。果然还是有点小呢。请给我大一号的。 ★치수: 尺寸

47 이 인형 밑에 부분이 좀 찢어져 있는데 새 걸로 바꿔 주세요.
i inhyeong mitte pubuni jom jjijeojyeo inneunde sae geollo paggwo juseyo.
这娃娃下面有点裂痕，可以换新的吗？ ★찢어지다: 裂痕

48 네, 손님, 그 제품이 남은 게 없어요. 내일 다시 오실 수 있나요?
ne, sonnim keu jeppumi nameun ge eopsseoyo. naeil tasi osil ssu innayo?
是，客人，那件商品没剩下的了，可以明天再度光临吗？ ★제품: 商品

49 내일 돌아가기 때문에 같은 가격의 인형으로 바꿀 수 있을까요?
naeil toragagi ddaemune katteun gagyeoge inhyeongeuro paggul ssu isseulggayo?
明天因为要回国，可以换相同价格的娃娃吗？ ★가격: 价格

50 네, 가능합니다. 손님이 마음에 드시는 걸로 바꿔 드릴게요.
ne, kaneunghamnida. sonnimi maeume deusineun geullo paggwo deurilggeyo.
好的，可以。我更换客人喜欢的。 ★가능하다: 可以

51 어제 받은 영수증 있나요?
eoje badeun yeongsujeung innayo?
有昨天拿到的收据吗？ ★영수증: 收据

52 잃어버렸는데요. 어떻게 하죠?
ireobeoryeonneundeyo. eoddeokke hajyo?
遗失了。该怎么办呢？ ★잃어버리다: 遗失了

53 죄송합니다. 영수증이 없으면 교환이 불가능합니다.
chowsonghamnida. yeongsujeungi eopsseumyeon kyohwani pulganeunghamnida.
很抱歉，如果没有收据不可以换货。 ★불가능하다: 不可能

54 네, 그럼 호텔에 가서 찾아 보고 다시 올게요.
ne, keureom hottere gaseo chaja bogo tasi olggeyo.
好，那么我回旅馆再找找看。 ★찾아 보다: 找找看

55 8(여덟) 시에 문을 닫으니 그 전에 오셔야 합니다. 빨리 오십시오.
yeodeolssie muneul tadeuni keu jeone osyeoya hamnida. bballi osipssio.
我们八点打烊，之前一定要来。请赶快来。 ★빨리: 快点

Chapter 9

女孩们的娱乐盛宴 —娱乐篇

- **Unit 1** 追星看演唱会
- **Unit 2** 去看音乐剧
- **Unit 3** 去过韩国夜店吗?
- **Unit 4** 可以跟你聊聊天吗?
- **Unit 5** 在练歌房飙歌真有意思!

〔女孩们的应急韩语〕娱乐篇

如果你是哈韩一族，或者是某位偶像明星的超级粉丝，当然不能错过与偶像近距离接触的机会。现在越来越多的韩国艺人为了提升演技，都会参加舞台剧的演出，各位粉丝一定要多多支持，到场为偶像打气加油！在本章中，可以学到买票看表演的相关说法，看音乐剧、电影、涂鸦秀、乱打秀等，都能派上用场！

　　另外，女孩们还可以结伴出游，体验一下韩国的夜店文化。在夜店里，舞池中的俊男美女各个活力四射、大秀舞姿，你也别害羞，尽情地和姐妹们一起跳个痛快吧！如果舍不得让美好的夜晚太早结束，还可考虑去附近的练歌房唱通宵！

Unit 1 追星看演唱会

09-01

미미	오빠, 안녕하세요. 전 중국에서 온 미미인데요.
mimii	obba, annyeonghaseyo. jeon junggueseo on mimiindeyo.
美美	哥哥，你好，我是从中国来的美美。

아이돌	미미야, 안녕. 오래간만이구나. 너 언제 한국에 왔어?
aidol	mimiya, annyeong! oraeganmaniguna. neo eonje hanguge wasseo?
偶像	美美，你好。好久不见！什么时候来到韩国的？

미미	서울에 온 지 벌써 5일 되었어요. 매일매일 빨리 오빠 콘서트에 가 보고 싶었어요.
mimii	seoure on ji peorsseo oil doeeosseoyo. maeilmaeil bballi obba kkonseotteue ka bogo sippeosseoyo.
美美	来首尔已经五天了。每天都想着赶快去看哥哥的演唱会。

可替换:
- 이미 已经
- 마침 刚好

아이돌	그래? 우리 그룹의 새 앨범 노래들은 들어 봤니? 괜찮지?
aidol	keurae? uri geurube sae aelbeom noraedeureun deuro bwanni? kwaechanchi?
偶像	是吗？听了我们组合新专辑的歌曲吗？还不错吧？

미미	네, 물론이죠. 우리 대만팬클럽 팬들이 다 샀어요. 완전 좋다고 해요.
mimii	ne, mullonijyo. uri taemanppaenkkeulleop paendeuri ta sasseoyo. wanjeon jottago haeyo.
美美	是啊！当然很棒啊！我们台湾后援团粉丝们都买了，全都说非常好。

可替换:
- 모두 全部
- 전부 全部

아이돌	진짜? 이번 컴백하기 전부터 스트레스 많이 받고 특히 중화권 시장도 걱정 많이 되었는데. 어쨌든 정말 대만 팬들한테 너무 고마워.
aidol	jinjja? ibeon kkeombaekkagi jeonbutteo seutteureseu mani batggo tteukki junghwagwon sijangdo keokjjeong mani doeeonneunde. eojjaetddeun jeongmal taeman ppaendeulhantte neomu gomawo.
偶像	真的吗？从这次回归前开始，我们受到许多压力，很担心华人市场。无论如何真的很谢谢粉丝们。

Chapter 9

163

미미 　오빠, 걱정 마세요. 새 앨범 판매 꼭 잘 될 거예요.
　　　오빠 대박! 대만팬클럽 영원토록 응원할게요.
mimii　obba, keokjjeong maseyo. sae aelbeom ppanmae ggok jal doel ggeoyeyo.
　　　obba daebak! taemanppaenkkeulleop yeongwonttorok eungwonhalggeyo.
美美　哥哥，请不要担心。新专辑销售一定会很好的。
　　　哥哥大发！台湾后援团永远为你加油。

与偶像对话时，该用非敬语还是敬语呢？其实，用比较习惯的非格式体口语就可以了。偶像明星为了表示与粉丝亲近，大多会用非敬语来交谈，并不是他们不礼貌！如果对方一直讲敬语，反而会让彼此显得生疏。因此，听到偶像跟你讲非敬语，应该要感到高兴才是，可千万别误会！

这些单词一定要学会

아이돌 aidol 名 偶像	**오래간만** oraeganman 名 好久、多久、长久	**벌써** peolsseo 副 已经、曾经	**매일매일** maeilmaeil 副 天天、每日
빨리 bballi 副 赶快、早早地	**콘서트** kkonseotteu 名 演唱会	**그룹** keurup 名 团体、组	**앨범** aelbeom 名 专辑
노래 norae 名 歌曲	**들어 보다** teureo boda 动 听听看	**물론** mullron 名 当然、别说	**팬클럽** ppaenkkeulleop 名 粉丝后援团
완전 wanjeon 名 完全	**진짜** jinjja 名 真的、真品	**컴백하다** kkeombaekkada 动 回归	**스트레스** seutteureseu 名 压力
중화권 시장 chunghwagwon sijgng 名 华人市场	**걱정** keokjjeong 名 烦恼、担心、担忧	**어쨌든** eojjaetddeun 副 无论如何	**판매** ppanmae 名 销售

补充　**대박** daebak 名 大发　**영원** yeongwon 名 永远
　　　응원하다 eungwonhada 动 加油

女孩们的韩语语法笔记

1　动词+ㄴ/은 지 벌써……되다　已经过了……

动词语干后面加上"ㄴ/은 지 벌써 名词되다",表示状态动作持续到现在的时间点,也就是"……已经过了……"的意思。

例　입사한 지 벌써 5(오) 년이 됐어요.
ipssahan ji peolsseo onyeoni dwaesseoyo.
进入公司已经过了五年了。

과일을 아침 대신으로 먹은 지 벌써 3(삼) 년째 되었다.
kwaireul achim daesineuro meogeunji peolsseo samnyeonjjae doeeotdda.
把水果当早餐吃已经是第三年了。

2　名词+토록　始终……

名词后面加上助词"토록",表示"始终……"以及"到……程度"的意思。

例　평생토록 사랑할게요.
pyeongsaengttorok saranghalggeyo.
一生都会爱你。

그 학생은 종일토록 울었다.
keu hakssaengeun jongilttolok ureotdda.
那学生整天都在哭。

3　非敬语语法:把"요"去掉

动词/形容词的非格式体语尾"아요/어요/여요"或"았어요/었어요/였어요",动词/形容词加上"지요、ㄹ/을까요、나요…"等语尾,只要记得把"요"去掉就可以!

例　오늘 시간 있어?
oneul sigan isseo?
今天有时间吗?

기분 좋지?
kibun jochi?
心情不错吧?

집에 갈까?
jibe galgga?
回家吗?

女孩们的韩语语法笔记

4 半语语法：表示"惊叹"的说法

可用"名词 + 이구나"；"形容词 / 动词原形 + 네"来表示惊叹。

例 그 여자 가수이구나.
keu yeoja kasuiguna.
那名女生是歌手啊！

맛이 좋네.
massi jonne.
味道很好啊！

哈韩女孩小笔记——

看到偶像时

去听演唱会时，如果运气好一点，看到偶像突然出现在你面前，可别因为太紧张而词穷！这时一定要把握机会多说韩语，让偶像对你留下深刻印象。以下是常用的追星语和相关词汇。

追星语

- 오빠 파이팅.
  obba ppaitting.
  哥哥加油！

- 오빠 최고예요.
  obba choegoyeyo.
  哥哥最棒。

- 이 선물 받아 주세요.
  i seonmul pada juseyo.
  请收下这个礼物。

- 끝까지 꼭 힘내세요.
  ggeutggaji ggok himnaeseyo.
  请加油到底。

- 저랑 결혼해 주세요.
  jeorang kyeoronhae juseyo.
  请和我结婚。

- 영원히 응원할게요.
  yeongwonhi eungwonhalggeyo.
  永远为你加油。

- 뽀뽀 하나 날려 주세요.
  bbobbo hana nallyeo juseyo.
  请给我一个飞吻。

- 보고 싶어 죽겠어요.
  pogo sippeo jukggesseoyo.
  想你想到快死了。

- 여기에 사인해 주세요.
  yeogie sainhae juseyo.
  请在这里签名。

- 같이 사진 찍어도 되나요?
  kachi sajin jjigeodo doenayo?
  可以一起拍照吗?

- 지금 오빠를 위해서 한국어를 공부하고 있어요.
  jigeum obbareul wihaeseo hangugeoreul kongbuhago isseoyo.
  现在为了哥哥正在学韩语。

追星相关词汇

사이버 아이돌 saibeo aidol 名 虚拟偶像	연예인 yeonyein 名 艺人	텔런트 ttelleontteu 名 电视演员	영화배우 yeonghwabaeu 名 电影演员
감독 kamdok 名 导演	프로듀서 peurodyuseo 名 制作人	매니저 maenijeo 名 经纪人	소속사 sosokssa 名 经纪公司
방송국 pangsongguk 名 电视台	공연장 kongyeonjang 名 剧场、音乐厅	보디가드 podigadeu 名 保镖	댄서 taenseo 名 舞群

MEMO

Unit 2 去看音乐剧

MP3 09-02

정이 | 무대에서 가까운 자리가 있나요?
jeongi | mudaeeseo kaggaun jariga innayo?
静怡 | 请问离舞台近的票还有吗?

매표원 | 네, 있습니다.
maeppyowon | ne itsseumnida.
售票员 | 是的，还有。

정이 | 가운데 자리 있나요?
jeongi | kaunde jari innayo?
静怡 | 那有中间一点的位子吗?

可替换：
▶ 앞쪽　前方
▶ 왼쪽　左边

매표원 | 아니요, 없습니다. 지금 오른쪽 통로 옆자리만 남았습니다.
maeppyowon | aniyo, eopsseumnida. jigeum oreunjjok ttongno yeopjjariman namatsseumnida.
售票员 | 没有，现在只剩靠右边通道旁的座位。

정이 | 네, 알겠어요. 표 3(세) 장 주세요.
jeongi | ne, algesseoyo. ppyo se jang juseyo.
静怡 | 好的，请给我三张票。

매표원 | 요금이 모두 36(삼십육) 만 원입니다. 현금으로 계산하시겠습니까? 아니면 카드로 하시겠습니까?
maeppyowon | yogeumi modu samsimnyungman woniimnida. hyeongeumeuro kesanhasigetsseumnigga? animyeon kkadeuro hasigetssesumnigga?
售票员 | 一共是三十六万元。请问是付现金呢，还是刷卡呢?

정이 | 카드로 계산해 주세요. 매뉴얼은 어디서 파나요?
jeongi | kkadeuro kesanhae juseyo. maenyueoreun eodiseo ppanayo?
静怡 | 请帮我刷卡。哪里有卖手册呢?

可替换：
▶ 주변상품　周边商品
▶ 기념품　纪念品

매표원 | 로비로 들어가시고 안내 데스크에서 살 수 있습니다.
maeppyowon | robiro deurogasigo annae deseukkeueseo sal ssu itsseumnida.
售票员 | 进入大厅的服务台可以购买。

정이 | 네, 고맙습니다.
jeongi | ne, komapsseumnida.
静怡 | 好的，谢谢。

★ 观光小常识

位于首尔市龙山区梨泰院路294（汉南洞）的"Blue Square"，可说是首尔市区著名的复合文化空间，有音乐剧公演场、可容纳三千人的演唱会公演场，是韩国最大规模的专业公演场地。

要特别注意的是，所有音乐剧的公演，角色都会替换。担任要角的当红艺人会安排档期参与演出，不过有时同一个角色可能会换人演，所以购票前要注意演员表。

这些单词一定要学会

무대 mudae 名 舞台	가깝다 kaggapdda 形 近、接近	가운데 kaunde 名 中、中间	오른쪽 oreunjjok 名 右、右边
통로 ttongno 名 通道	옆자리 yeopjjari 名 旁位	남다 namdda 动 剩下、剩余	매뉴얼 maenyueol 名 指南、手册
로비 robi 名 大厅	들어가다 teureogada 动 进去、进入	안내 데스크 annae deseukkeu 名 服务台	뒤 twi 名 后

女孩们的韩语语法笔记

1 名词+만 只……、只有……

名词后面加만，可以代替"은 / 는、이 / 가、을 / 를"等其他助词而省略，表示"仅仅、只、只有……"的意思。

例 한국 연예인 중에 이민호만 좋아해요．
hangung nyenyein junge iminhoman joahaeyo.
韩国艺人当中，我只喜欢李敏镐。

내일 우리만 홍콩에 가요．
naeil uriman hongkkonge gayo.
明天只有我们去香港。

女孩们的韩语语法笔记

2. 名词+로/으로 往……去

地点名词后加"로/으로",表示要去的地方或方向,也就是"往……去/来"的意思。

例 지금 빨리 우리 집으로 오세요.
jigeum bballi uri jibeuro oseyo.
现在请赶快来我家。

왼쪽으로 돌아가시면 우리 회사 보일 거예요.
oenjjogeuro toragasimyeon uri hoesa poil ggeoyeyo.
往左转的话应该可以看到我们公司。

普罗旺斯村真美~这里就是韩剧《来自星星的你》的取景地!

Unit 3 去过韩国夜店吗?

종업원 안녕하세요! 외국분이시죠? 한국 클럽에 온 적이 있어요?
jongeobwon anyeonghaseyo! oegukbbunisijyo? hanguk kkeulleobe on jeogi isseoyo?
服务员 您好,你们是外国人吧!来过韩国夜店吗?

可替换：
▶ 일본분　日本人

제니퍼 네, 중국 사람인데 한국 클럽에 간 적이 없어요.
jenippeo ne, jungguk saraminde hanguk kkeulleobe kan jeogi eopsseoyo.
珍妮弗 是啊,我们是中国人。我们没去过韩国夜店。

종업원 아, 오늘은 수요일인데 우리 집에는 마침 '레디스 나이트' 이벤트가 있어요. 여자들이 다 무료로 입장할 수 있어요.
jongeobwon a, oneureun suyoirinde uri jibeneun machim 'rediseu naitteu' ibentteuga isseoyo. yeojadeuri ta muryoro ipjjanghal ssu isseoyo.
服务员 啊,今天星期三,我们店里刚好有"淑女之夜"活动,女孩们全都可以免费入场!

제니퍼 정말이에요? 공짜로 안 내고 들어가도 되나요?
jenippeo jeongmarieyo? kongjjaro an naego teurogado doenayo?
珍妮弗 真的吗?不需付费就可进去吗?

종업원 그래요. 우리 클럽의 미남미녀들하고 같이 춤추면 정말 재미있을 거예요.
jongeobwon keuraeyo. uri kkeulleobe minamminyeodelhago kachi chumchumyeon jeongmal jaemiisseul ggeoyeyo.
服务员 是啊!我们店里有许多帅哥美女一起热舞,真的很好玩!

제니퍼 좋아요. 그럼 들어가 볼게요.
jenippeo joayo. keureom teuroga bolggeyo.
珍妮弗 好啊!那我们就去看看。

★ 观光小常识

在首尔,很多地方都有夜店。学生较常去的是新村、弘大区的Q-vo、M2、NB2。至于靠近美军基地的梨泰院也有club MÜTE、B One、MOVE等,店里可以碰到许多老外。而江南、狎鸥亭附近的ANSWER、OCTAGON、ELLUI等夜店,设备比较豪华,常可见到许多时尚名流与艺人。

★ 温馨小提醒

韩国夜店的入场费大约是一万到两万韩元(约人民币60元到120元)左右,店家会给一杯调酒或一瓶啤酒,若要点昂贵的洋酒就得另外花钱。有些夜店在十一点前入场比较便宜,越晚入场费就越高!另外,韩国夜店规定年满十九岁才可入场,所以看起来比较年轻的女孩们,记得携带护照!

这些单词一定要学会

외국 oeguk 名 外国	분 pun 名 位（人的敬语）	클럽 kkeulleop 名 夜店、俱乐部	마침 machim 副 刚好、恰好
레디스 나이트 rediseu naitteu 名 淑女之夜	이벤트 ibentteu 名 活动	입장하다 ipjjanghada 动 入场	공짜 kongjja 名 免费
미남미녀 minamminyeo 名 俊男美女	춤추다 chumchuda 动 跳舞	재미있다 jaemiitdda 形 有趣、有意思	

女孩们的韩语语法笔记

1. 动词 + ㄴ/은 적이 있다　有过……

动词后面加上"ㄴ/은 적이 있다"，表示曾经有过什么经验，不适用于"习惯性常做"或"不久前刚做过"的事情。

例 작년에 미미하고 같이 영국에 여행간 적이 있었어요.
jangnyeone mimihago kachi yeongguge yeohaenggan jeogi isseosseoyo.
去年我和美美一起去英国旅行。

한국 남자친구 사귄 적이 있나요?
hangung namjachigu sakwin jeogi innayo?
你交过韩国男朋友吗?

2. 动词 + ㄴ/은 적이 없다　没有过……

动词后面加上"ㄴ/은 적이 없다"，表示未曾有过什么经验，不适用于"习惯性常做"或"不久前刚做过"的事情。

例 한국에서 수영장에 간 적이 없어요?
hangugeseo suyeongjange kan jeogi eopsseoyo?
在韩国没去过游泳池吗?

대학생 시절에 아르바이트 한 적이 전혀 없어요.
taehakssaeng sijeore areubaitteu han jeogi jeonhyeo eopsseoyo.
大学时代完全没有打过工。

哈韩女孩小笔记——

夜店饮品的相关名称

来到夜店时,多少都会点些酒来喝,当然要知道各种酒的韩语该怎么说。不过出门在外还是要小心一点,浅尝即可,千万别喝太多!

칵테일 kkaktteil 名 鸡尾酒	위스키 wiseukki 名 威士忌	와인 wain 名 红酒、葡萄酒	소주 soju 名 烧酒
막걸리 makggeolli 名 浊酒、小米酒	생맥주 saengmaekjju 名 生啤酒	콜라 kkolla 名 可乐	안주 anju 名 酒菜、酒肴

Unit 4 可以跟你聊聊天吗？

존스: 안녕하세요. 저는 재미교포 존스라고 해요. 얘기 좀 할 수 있을까요？
jonseu: annyeonghaseyo. jeoneun jaemigyoppo jonseurago haeyo. yaegi jom hal ssu isseulggayo？
琼斯: 你好，我是美籍韩侨琼斯。可以聊聊天吗？

제니퍼: 좋아요. 저는 중국에서 여행온 제니퍼예요.
jenippeo: joayo. jeoneun junggueseo yeohaengon jenippeoyeyo.
珍妮弗: 好啊！我是从中国来旅行的珍妮弗。

可替换：
▶ 유학　留学
▶ 출장　出差

존스: 와! 제니퍼 씨의 웃음이 참 매력적이네요. 제 친구가 당신처럼 항상 웃는 중국 여자들이 많으냐고 물었어요.
jonseu: wa! jenippeo ssie useumi cham maeryeokjjeogineyo. je chinguga tangsincheoreom hangsang unneun jungguk yeojadeuri maneunyago mureosseoyo.
琼斯: 哇！珍妮弗的笑容好迷人，我朋友问中国像你这样爱笑的女孩有很多吗？

제니퍼: 네, 많아요. 아, 제 옆에 친구는 미미, 정이인데요.
jenippeo: ne, manayo. je yeoppe chinguneun mimi、jeongiindeyo.
珍妮弗: 是啊！很多。啊！我身旁的朋友是美美、静怡。

존스: 안녕하세요. 저는 존스인데요. 만나서 반가워요. 잠시만요. 무대에서 춤추고 있는 제 친구들을 데리고 와서 소개 시킬게요.
jonseu: annyeonghaseyo. jeoneun jonseuindeyo. mannaseo pangawoyo. jamsimanyo. mudaeeseo chumchugo inneun je chingudeureul derigo waseo sogae sikkilggeyo.
琼斯: 您好，我是琼斯。很高兴认识你们。请稍等一下。我把在舞台上跳着舞的朋友叫来，介绍给大家认识。

미미、정이: 안녕하세요. 반가워요. 좀 있다 같이 춤춰요.
mimi、jeongi: annyeonghaseyo. pangawoyo. jom itdda kachi chumchwoyo.
美美、静怡: 你好，很高兴认识你。等一下一起来跳舞吧！

★温馨小提醒 Tips

韩国男生通常比较大胆，如果想邀请你跳舞，大多会先以肢体动作进行试探，先伸手轻轻地放在女孩们的肩膀或腰上，如果女孩没有拒绝，代表愿意接受邀舞；如果推开或离开就表示不愿意。女孩们如果要避免骚扰，尽量结伴同行比较安全。

这些单词一定要学会

재미교포 jaemigyoppo 名 美籍韩侨	웃음 useum 名 笑容	웃다 utdda 动 笑	참 cham 副 真、真是
매력적 maeryeokjjeok 名 魅力	당신 tangsin 名 您、你		항상 hangsang 名副 时常、老是、总是
반갑다 pangapdda 形 高兴、欢喜	데리다 terida 动 带、带领	소개 sogae 名 介绍	시키다 sikkida 动 使、给、让

女孩们的韩语语法笔记

1. 名词 + 라고 / 이라고 하다　叫作……、称为……

名词后面加上"라고 / 이라고",表示"叫作……""称为……"。

例　제 친구는 왕정이라고 해요.
je chinguneun wangjeongirago haeyo.
我朋友叫王静怡。

이건 뭐라고 합니까?
igeon mworago hamnigga?
这东西叫什么呢?

2. 名词 + 처럼　像……

名词后面加上"처럼",表示"像……"的意思。

例　바보처럼 이상하게 웃지마.
pabocheoreom isanghage utjjima.
不要像傻瓜一样奇怪地笑。

제니퍼처럼 한국어 잘하면 좋겠어요.
jenippeocheoreom hangugeo jalhamyeon jokkesseoyo.
我希望像珍妮弗一样韩语那么好。

3. 形容词 + 냐고 / 으냐고 …　问……

形容词后面加上"냐고 / 으냐고",表示说话者传达某人提问某件事。

例　미미가 존스씨가 착하냐고 했어요.
mimiga jonseussiga chakkanyago haesseoyo.
美美问琼斯先生为人善良吗?

아이들이 선생님 오늘 기분이 좋으시냐고 했어요.
aideuri seonsaengnim oneul kibuni joeusinyago haesseoyo.
小孩们问老师今天心情好吗?

Unit 5 在练歌房飙歌真有意思！

MP3 09-05

제니퍼 / jenippeo / 珍妮弗
여기는 시간제인가요 ?
yeogineun siganjeingayo ?
请问这里是以小时计费吗?

종업원 / jeongiopwon / 服务员
네, 우리 집은 시간당입니다. 얼마나 계실 건가요 ?
ne, uri jibeun sigandangimnida. eolmana kesil ggeongayo ?
我们店是以小时计费，你们大概要待多久?

제니퍼 / jenippeo / 珍妮弗
시간이 많아서 얼마나 오래 있을지도 모르겠네요. 여기에 음식 제공되나요 ?
sigani manaseo eolmana orae isseuljido moreugenneyo. yeogie eumsik jjegongdoenayo ?
我们时间很多，不知道要停留多久。这里提供餐饮吗?

종업원 / jeongiopwon / 服务员
음료수는 무제한이지만 식사, 간식은 따로 시켜야 돼요.
eumnyosuneun mujehanijiman siksa、kansigeun ddaro sikkyeoya dwaeyo.
饮料虽然无限畅饮，但餐点与零食都必须另外点。

미미 / mimi / 美美
간식 종류는 어떤 게 있죠 ?
kansik jongnyuneun eoddeon ge itjjyo ?
零食有哪些种类?

종업원 / jeongiopwon / 服务员
카운터에 올려 놓은 거 다 있습니다. 어떤 게 필요하신가요 ?
kkauntteoe ollyeo noeun geo ta itsseumnida. eoddeon ge ppiryohasingayo ?
柜台上陈列的都有，你需要哪些?

정이 / jeongi / 静怡
그럼 새우깡, 포테이토칩 하나하고 오징어구이 하나 주세요.
keureom saeuggang, ppotteittochip hanahago ojingeogui hana juseyo.
请给我虾味鲜、薯片，再来一条烤鱿鱼。

종업원 / jeongiopwon / 服务员
네, 201(이공일) 호 방에 들어가세요.
ne, igonilho bange teurogaseyo.
好的，请至 201 号房欢唱。

温馨小提醒 Tips

韩国练歌房跟中国的 KTV 一样，以包厢计价，通常清晨到中午前比较便宜。大部分练歌房的点歌系统都必须输入韩语歌名或组合的韩语名才能找到歌，比如想唱 SHINEE 的歌曲，输入英语是查不到的，必须打샤이니才可以!

这些单词一定要学会

시간제 siganje 名 以小时计价	얼마나 eolmana 副 多少、多么	오래 orae 副 多久、好久	제공 jegong 名 提供
무제한 mujehan 名 无限	따로 ddaro 副 另外、另	새우깡 saeuggang 名 虾味鲜	카운터 kkauntteo 名 柜台
올리다 ollida 动 上	놓다 notta 动 放	포테이토칩 ppotteittochip 名 马铃薯片	오징어구이 ojingeogui 名 烤鱿鱼

女孩们的韩文文法笔记

动词或形容词+ㄹ/을지도 모르다　说不定、也许……

动词或形容词后面加上"ㄹ/을지도 모르다",表示对事物感到疑惑与不确定。

例　존스가 지금 서울에 있을지도 몰라요.
jonseuga jigeum seoure isseuljido mollayo.
搞不好琼斯现在人在首尔!

　　이렇게 하면 얼마나 예쁠지도 모르겠어요.
ireokke hamyeon eolmana yebbeuljido moreugesseoyo.
这样弄的话也许会很漂亮。

名词+인가요？　　+ㄴ/은 가요？　……吗?

名词后面加上"인가요？",形容词后面加上"ㄴ/은 가요？"疑问词语尾,虽然非正式,但仍算是比较有礼貌的语气。

例　그 아저씨가 유명한 영화감독인가요？
keu ajeossiga yumyeonghan yeonghwagamdogingayo?
那位大叔是有名的电影导演吗?

　　이 양념치킨의 맛이 괜찮은가요？
i yangnyeomchikkine massi kwaenchaneungayo?
这加味炸鸡的味道还不错吗?

哈韩女孩小笔记——

各种零食的名称

韩国人似乎比中国人更爱吃零食,特别喜欢一边唱歌一边吃。许多女孩来韩国,几乎每晚都会去超市补货。韩国的饼干和糖果,种类真是多到数不清。近年韩国零食大走"甜蜜口味风",例如蜂蜜奶油薯片,就十分抢手!

포카칩 스윗치즈 ppokkachip seuwitchijeu 名 波卡薯片甜起士口味		허니버터칩 heonibeotteochip 名 蜂蜜奶油薯片	
오!감자 허니밀크 o kamja heonimilkkeu 名 喔!蜂蜜奶油薯片		초코 파이 chokko ppai 名 巧克力派	치즈콘볼 chijeukkonbol 名 芝士球
매운 꿀 꽈배기 maeun ggul ggwabaegi 名 甜辣麻花		야채 샐러드 스낵 yachae saelleodeu seunaek 名 蔬菜沙拉点心	
칠리칠리 chillichilli 名 辣薄玉米饼	초코쿠키 chokkokkukki 名 巧克力曲奇饼	오징어해씨볼 ojingeohaessibol 名 鱿鱼海味球	바나나킥 pananakkik 名 香蕉棒

娱乐篇

看演唱会

09-06

1 어디서 줄을 서야 되죠? 이 줄이 아닌가요?
eodiseo jureul seoya doejyo? i juri aningayo?
应该在哪儿排队呢? 不是这儿排吗? ★줄: 队

2 팬클럽 회원들은 저 쪽 줄에 서세요.
ppaenkkeulleop hoewondeureun jeo jjok jjure seoseyo.
粉丝后援团的会员请排那一排。 ★팬클럽: 粉丝后援团 회원: 会员

3 음료수 들고 들어갈 수 없습니다.
eumnyosu teulgo teureogal ssu eopsseumnida.
饮料不可以带进去。 ★들어가다: 进去

4 공연 중에는 사진을 찍으면 안 됩니다.
kongyeon jungeneun sajineul jjigeumyeon an doemnida.
公演中不能拍照。 ★공연: 公演

5 20(이십) 분 후에 입장입니다.
isipbbun hue ipjjangimnida.
二十分钟之后入场。 ★입장: 入场

6 표가 곧 매진되니 빨리빨리 사 주세요.
ppyoga kon maejindoeni bballibballi sa juseyo.
门票快卖完了, 请赶快购买。 ★매진: 卖光 빨리빨리: 快点

7 MD(앰디) 상품을 구입하려면 표가 있어야 되나요?
aemdi sangppumeul kuipparyeomyeon ppyoga isseoya doenayo?
购买周边商品时, 也需要门票吗? ★구입하다: 购买

8 제한 상품은 1(일) 인당 1(한) 개씩 밖에 살 수 없습니다.
jehan sangppumeun irindang hangaessik bbagge sal ssu eopsseumnida.
限量商品每个人只能购买一个。 ★제한 상품: 限量商品

9 12(십이) 세 이하 어린이는 입장할 수 없습니다.
sibise iha eorinineun ipjjanghal ssu eopsseumnida.
十二岁以下儿童不能进场。 ★어린이: 儿童

10 올해 팬미팅에서 가장 특별한 프로그램 무엇이에요?
orae ppaenmittingeoseo kajang tteukbbyeoran ppeurogeuraem mueosieyo?
今年见面会的亮点节目是什么呢? ★특별하다: 特别 프로그램: 节目

女孩们的应急韩语

11 추첨을 해서 같이 사진을 찍을 수 있어요?
chucheomeul haeseo kachi sajineul jjigeul ssu isseoyo?
抽奖可以一起拍照吗？ ★추첨：抽奖

12 무대 위에서 포옹을 할 수 있나요?
mudae wieseo ppoongeul hal ssu innayo?
舞台上可以拥抱吗？ ★포옹：拥抱

13 꽃다발을 전해 주고 싶어요
ggoddabareul jeonae jugo sippeoyo.
我想送束花。 ★꽃다발：花束 전하다：传

14 이 선물은 특별히 팀 리더에게 꼭 전해 주세요.
iseonmureun tteukbbyeolhi ttim rideoege ggok jeonhae juseyo.
这礼物一定要专门送给队长。 ★팀 리더：队长

夜店聊天

15 이 클럽은 나이 제한이 있나요?
i kkeulleobeun nai jehani innayo?
这个夜店有年龄限制吗？ ★클럽：夜店 나이：年龄

16 이 클럽은 40(사십)세 이상 들어갈 수 없어요.
i kkeulleobeun sasipsse isang teureogal ssu eopsseoyo.
这个夜店禁止四十岁以上的人入场。 ★이상：以上

17 반바지는 괜찮지만 슬리퍼는 안 됩니다.
panbajineun kwaenchanchiman seullippeoneun an doemnida.
虽然穿短裤入场没关系，但是不能穿拖鞋。 ★슬리퍼：拖鞋

18 가방을 여기에 맡겨 주세요.
kabangeul yeogie matggyeo juseyo.
包请寄放在这里。 ★맡기다：寄放

19 티켓에 맥주 한 병이 포함된 거예요.
ttikkese maekjju han byeongi ppohamtdoen geoyeyo.
门票包含一瓶啤酒。 ★포함되다：包含

20 여기는 웨이터 팁 따로 없습니다.
yeogineun weitteo ttip ddaro eopsseumnida.
这里服务员不另外收小费。 ★웨이터: 服务员　팁: 小费

21 맥주와 양주 그리고 과일 안주 주세요.
aejjuwa yangju keurigo kwail anju juseyo.
请给我啤酒与洋酒还有水果、下酒菜。 ★양주: 洋酒　안주: 下酒菜

22 폭탄주 만드는 법을 알려 드리겠습니다.
ppaokttanju mandeuneun beobeul allyeo deurigetsseumnida.
我来教您调制炮弹酒。 ★폭탄주: 炮弹酒

23 여기 중국 노래가 있나요?
yeogi junggung noraega innayo?
这里有中文歌曲吗? ★중국노래: 中文歌曲

24 멋있는 오빠 3 명 소개 시켜 드릴게요.
meossinneun obba semyeong sogae sikkyeo deulilggeyo.
我来介绍三位帅哥给你们。 ★소개: 介绍

25 입장시간은 언제입니까?
ibjangsiganeun eonjeimnigga?
入场时间是什么时候? ★입장시간: 入场时间

26 아기를 안고 들어가도 되나요?
agireul anggo teureogado doenayo?
抱着小孩也可以进去吗? ★안다: 抱

27 휴대폰은 모두 진동으로 해 주세요.
hyudaepponeun modu jindongeuro hae juseyo.
手机请全部调振动。 ★휴대폰: 手机　진동: 振动

28 사진을 찍으시면 절대 안 됩니다.
sajineul jjigeusimyeon jeolddae an doemnida.
绝对禁止拍照。 ★절대: 绝对

29 여기 공연 설명서가 있으니 받아 가 주세요.
yeogi kongyeon seolmyeongseoga isseuni pada ga juseyo.
这里有公演介绍说明，请拿去看看。 ★공연: 公演　설명서: 介绍说明

30 설명서를 입장하기 전에 꼭 읽어 주세요
seormyeongseoreul ipjjanghagi jeone ggok ilgeo juseyo
入场前请一定要读入场介绍。 ★읽다: 读

31 음식물과 음료수는 갖고 들어갈 수 없습니다.
eumsingmulgwa eumnyosuneun katggo teureokal ssu eopsseumnida.
吃的东西与饮料不可以带进去。 ★음식물: 吃的东西

32 담배는 아무데서 피우면 안 됩니다.
tambaeneun amudeseo ppiumyeon an doemnida.
所有地方都禁烟。 ★아무데: 所有地方

33 공연 후에 입장표 경품 추첨이 있으니 잘 보관해 주세요.
kongyeon hue ipjjangppyo gyeongppum chujeomi isseuni jal bogwahae juseyo.
公演后会进行抽奖，请好好保管门票。 ★보관하다: 保管

34 공연이 끝난 후 무대 위에서 사진을 찍을 수 있나요?
kongyeoni ggeunnan hu mudae wieseo sajineul jjigeul ssu innayo?
公演结束后可以在舞台上拍照吗？ ★끝나다: 结束

35 앞의 자리가 비어 있는데 옮겨 가도 되나요?
appe jariga pieo inneunde omgyeo gado doenayo?
前面有空位子，可以移过去坐吗？ ★옮기다: 迁移

36 공연이 시작되면 문이 잠깁니다.
konyeoni sijakddoemyeon muni jamgimnida.
公演开始后，门会关起来。 ★잠기다: 锁

37 차례차례 순서대로 입장해 주세요.
charechare sunseodaero ipjjanghae juseyo.
请依照顺序入场。 ★차례차례: 按顺序

38 가방은 물품보관함에 맡겨 주세요.
kabangeun mulppumbogwanhame matggyeo juseyo.
包请寄放在保管箱。 ★물품보관함: 保管箱

39 보관티켓을 잃어버리지 않게 잘 보관하시기 바랍니다.
pogwanttikkseul ireobeoriji ankke jal bogwanhasigi baramnida.
不要遗失收据，请妥善保管。 ★잃어버리다：遗失

40 오늘 마지막 회 상영시간 어떻게 되나요?
oneul majimak kkoe sangyeongsigan eoddeokke doenayo?
今天最后一场上映时间是几点钟呢? ★마지막 회：最后一场

41 이 카드로 결제하시면 20(이십) 퍼센트 할인해 드립니다.
i kkadeuro kyeoljjehasimyeon isipppesentteu harinhae deurimnida.
用这种卡结账可享八折优惠。 ★할인하다：打折

42 요즘 어느 영화가 관객수가 제일 많아요?
yujeum eoneu yeonghwaga kwangaekssuga jeil manayo.
最近哪部电影票房观众人数最多呢? ★관객수：观众人数

43 전지현 나오는 영화가 무엇이죠?
jeonjihyeon naoneun yeonghwaga mueosijyo?
全智贤演出的电影是什么? ★전지현：全智贤

44 "암살" 입니다. 아주 재미있습니다.
"amsal" imnida. aju jaemiitsseumnida.
是《暗杀》，非常有趣。 ★재미있다：有趣

45 할리우드 영화도 있습니까?
halliudeu yeonghwado itsseumnigga?
你们也上映好莱坞电影吗? ★할리우드：好莱坞

46 네, 톰크루즈 주연의 "미션 임파서블" 영화가 있습니다.
ne, ttomkkeurujeu juyeone "misyeon imppaseobeul" yeonghwaga itsseumnida.
有，汤姆克鲁斯主演的电影《碟中谍》。 ★톰크루즈：汤姆克鲁斯

47 "암살" 성인표 2(두) 장과 어린이 1(한) 장 주세요.
"amsal" seonginppyo tujanggwa eorini hanjang juseyo.
《暗杀》成人票两张以及儿童票一张。 ★성인표：成人票

48 A 세트 주세요. 팝콘 큰 거와 콜라 3(세) 개 맞죠?
a setteu juseyo. ppapkkon kkeun geowa kkolla segae matjyo?
请给我 A 套餐。大份爆米花与三杯可乐对吗? ★팝콘：爆米花

Chapter 10
女孩们游爱宝乐园 —乐园篇

Unit 1 善用导游地图与观光手册

Unit 2 先吃个午餐补充体力

Unit 3 搭动物园游园车看狮子

Unit 4 好想喂动物！

〔女孩们的应急韩语〕乐园篇

女孩们来到韩国，可别只顾着在首尔市区逛。除了买东西以外，还可以用一两天的时间，去游乐园大玩特玩一番。

韩国各地的游乐园相当多，其中最著名的莫过于"爱宝乐园"。爱宝乐园是全韩国最大的游乐园，位于京畿道龙仁市，有"韩国迪士尼"之称。爱宝乐园占地1 500公顷①，包括动物园、游乐场、水上世界等大型主题公园，绝对是女孩们必去的观光景点。（★本章的情境对话，是以爱宝乐园为背景所编写的"模拟对话"。）

注：1公顷=10000平方米。

Unit 1 善用导游地图与观光手册

정이 어트랙션을 타고 싶고 "주토피아" 동물원 지역에서 사자를 구경 갈게요.
Jeongi eotteuraekssyeoneul ttago sipgo "juttoppia" tongmurwon jiyeogeseo sajareul kugyeong galggeyo.
静怡 我们想去搭乘游乐设施，然后再到"动物乌托邦"动物园区看狮子。

可替换：
▶ 호랑이 老虎
▶ 표범 豹

말씀 좀 묻겠는데요. 일일권 사면 하루에 다 볼 수 있어요?
malsseum jom muggetneundeyo. irilgwon samyeon harue ta bol ssu isseoyo?
请问一下，如果买一日券，一天可以全部玩遍吗？

직원 시간이 있으시면 이일권 사면 더 즐겁게 놀 수 있을 것 같다고 추천해 드리겠습니다.
jigwon sigani isseusimyeon iilgwon samyeon teo jeulgeopgge nol ssu isseul ggeot ggatdaggo chucheonhae deurigetsseumnida.
职员 如有时间的话，建议您买两日券这样会玩得更尽兴。

可替换：
▶ 틈 空闲
▶ 여유 闲暇

정이 혹시 중국어 번체자판하고 한국어 판의 지도 있을까요?
jeongi hokssi junggugeo peonchejappanhago hangugeo ppane jido isseulggayo?
静怡 请问是否有中文版以及韩语版地图呢？

可替换：
▶ 중국어 간체자판 中文简体版
▶ 일본어판 日语版

직원 네, 있습니다. 잠깐만 기다려 주십시오. 곧 가져다 드리겠습니다.
jigwon ne, itsseumnida. chamgganman kidaryeo jusipssio. kot kajyeoda deurigetsseumnida.
职员 是，有的。请稍候一下。我马上拿来给你。

정이 "사파리 투어"를 하고 싶은데 투어버스 어디서 타야 돼요?
jeongi "sappari ttueo"reul hago sippeunde ttueobeoseu eodiseo ttaya dwaeyo?
静怡 要怎么去坐动物园的游园车呢？

직원 추천 코스대로 혹은 노선지시대로 걸으시면 도착할 수 있습니다.
jigwon chucheon kkoseudaero hogeun noseonjisidaero keoreusimyeon tochakkal ssu itsseumnida.
职员 请依照园区路线指示行走就会抵达。

정이 감사합니다, 수고하세요.
jeongi kamsahamnida, sugohaseyo.
静怡 谢谢，辛苦了。

Chapter 10

★观光小常识

爱宝乐园的开放时间为早上九点至晚上十点（依季节调整，夏季比较晚），客服电话：82-31-320-5000（中文按3）。交通方式：于首尔地铁三号线教大站（13号出口）或良才站，或地铁二号线江南站（4号出口），再转乘1500或1500-1号公共汽车。或是于首尔乘火车到水原站，再转乘66或600号公车。

★温馨小提醒

爱宝乐园的入口处放有中、英、日、韩等多语种游园导游手册，但因为游客众多，有时会被拿光，可以向现场服务人员索取。由于许多游乐设施都是使用外来语，建议大家不要只拿中文版的手册，最好再拿个韩语版或英文版来对照。

这些单词一定要学会

어트랙션 eotteuraekssyeon 名 游乐设施	주토피아 juttoppia 名 动物乌托邦	동물원 tongmurwon 名 动物园	사자 saja 名 狮子
일일권 irilgwon 名 一日券	즐겁다 jeulgeopdda 形 愉快的	사파리 sappari 名 狩猎旅行	투어버스 ttueobeoseu 名 观光巴士
추천 코스 chucheon kkoseu 名 推荐行程	사파리 투어 sappari ttueo 名 动物园游园	노선 noseon 名 路线	지시 jisi 名 指示

女孩们的韩文文法笔记

1. 名词+서　在……

"서"是"에서"的简写，比较口语化的用法。不论名词有无收音都同样加"서"，表示在什么地方进行什么事情。

 어디서 한국어를 배워요?
eodiseo hangugeoreul baewoyo?
你在哪儿学韩语?

여기서 떠들면 안 돼요.
yeogiseo ddeodeulmyeon an dwaeyo.
在这里不能太吵闹。

女孩们的韩文文法笔记

2 ... 혹은 ... 或者……、还是……

名词与名词之间加上"혹은"，表示"或者……、还是……"的意思。

例 도대체 실수 혹은 의도적이에요？
todaeche silssu hogeun uidojeogieyo？
到底是不小心还是故意的呢？

남들한테 너무 잘 해 줘서 장점 혹은 단점일까요？
namdeulhantte neomu jal hae jwoseo jangjeom hogeun tanjeomilggayo？
对别人太好是优点还是缺点呢？

哈韩女孩小笔记——

各式各样的游乐设施

很多女孩们都来过爱宝乐园好几次，怎么玩都玩不腻。这里的游乐设施实在太多，如果想全部玩过一遍，一天的时间恐怕不太够用。

T 익스프레스 ti iksseuppeureseu 名 T 快车	아마존 익스프레스 amajon iksseuppeureseu 名 亚马孙激流探险	키즈커버리 kkijeukkeobeori 名 儿童探险乐园
K-POP 홀로그램 k-pop hollogeuraem 名 K-POP 全像摄影		뽀로로 3D 어드벤처 bbororo sseuridi eodeubencheo 名 宝露露 3D 冒险
더블 락스핀 deobeul rakssseuppin 名 双岩自旋	렛츠 트위스트 retcheu tteuwiseutteu 名 尽情扭动	롤링 엑스 트레인 rolling eksseu tteurein 名 云霄飞车
허리케인 heorikkein 名 龙卷风	챔피언십 로데오 chaemppieonsip rodeo 名 冠军罗德	콜롬버스 대탐험 kkollombeoseu daettamheom 名 哥伦布大探险
시크릿쥬쥬 비행기 sikkeuritjjyujyu bihaenggi 名 神秘珠珠飞机	지구마을 jigumaeul 名 地球村	자동차 왕국 jadongcha wangguk 名 汽车王国
헬리사이클 hellisaikkeul 名 直升自行车	로보트카 robotteukka 名 机器人车	붕붕카 pungbungkka 名 蹦蹦车	범퍼카 peomppeokka 名 碰碰车
스카이 댄싱 seukkai daensing 名 空中飞舞	볼 하우스 pol hauseu 名 球宫	플라잉 레스큐 ppeullaing reseukkyu 名 飞行救援

플레이 야드 ppeullei yadeu 名 游戏场	토마스 축제 기차 ttomaseu chukjje gicha 名 托马斯＆朋友的节日火车	스페이스 투어 seuppeiseu ttueo 名 太空船
로테이팅 하우스 rotteitting hauseu 名 旋转屋	미스테리 맨션 miseutteri maensyeon 名 神秘公寓	
로얄 쥬빌리 캐로셀 royal jyubilli kkaerosel 名 旋转木马		

Unit 2 先吃个午餐补充体力

제니퍼 | 스파게티하고 피자 주세요.
jenippeo | seuppagettihago ppija juseyo.
珍妮弗 | 请给我意大利面和披萨。

可替换：
- 생선가스 炸鱼排
- 햄버거 汉堡

직원 | 저희 집은 스테이크 고기가 신선하고 다른 집보다 더 맛있어요.
jigwon | jeohui jibeun seutteikkeu gogiga sinseonhago tareun jipbboda teo masisseoyo.
职员 | 我们店里的牛排非常新鲜，比外面其他店的还好吃。

可替换：
- 식당 餐厅（食堂）
- 레스토랑 餐厅（restaurant）

제니퍼 | 좋아요. 그럼 스테이크로 할게요.
jenippeo | joayo. keureom seutteikkeuro halggeyo.
珍妮弗 | 好，那我们就来点牛排。

직원 | 세트로 하시겠어요? 단품으로 하시겠어요?
jigwon | setteuro hasigesseoyo? tanppumeuro hasigesseoyo?
职员 | 您要套餐呢？还是单点呢？

제니퍼 | 세트 안에 음료수는 어떤 게 가능하죠?
jenippeo | setteu ane eumryosuneun eoddeon ge kaneunghajyo?
珍妮弗 | 套餐里的饮料可点什么呢？

직원 | 생주스 외에 다른 음료수 다 마음대로 선택할 수 있어요.
jigwon | saengjuseuoee tareun eumnyosu ta maeumdaero seonttaekkal ssu isseoyo.
职员 | 除了现榨果汁以外，其他饮料任选。

可替换：
- 카푸치노 卡布奇诺
- 맥주 啤酒

제니퍼 | 네, 알겠어요.
jenippeo | ne, algesseoyo.
珍妮弗 | 好，我知道了。

직원 | 여기서 먼저 계산하시고 뒤에서 음식을 받으시면 돼요.
jigwon | yeogiseo meonjeo kesanhasigo twieseo eumsigeul padeusimyeon dwaeyo.
职员 | 麻烦请先在这买单，然后在后面取餐即可。

★ 温馨小提醒

由于每天前往爱宝乐园的游客人数很多，园内建有各式各样的餐厅，无论你想吃韩式、中式，还是西式料理，都能尝到。乐园里的餐厅大都是经过精心设计的独栋式建筑，即使是快餐店也颇具特色，值得拍照留念。

这些单词一定要学会

스파게티 seuppagetti 名 意大利面	피자 ppija 名 披萨	스테이크 seutteikkeu 名 牛排	고기 kogi 名 肉
신선하다 sinseonhada 形 新鲜	다르다 tareuda 形 不同的、其他的	세트 setteu 名 套餐	단품 tanppum 名 单点
생주스 saengjuseu 名 鲜果汁	외 oe 名 外	마음 maeum 名 心、心情	선택하다 seonttaekkada 动 选择

女孩们的韩语语法笔记

1 名词+이/가 가능하다 可能……、可以……

名词后面加上主格助词,然后接上가능하다,表示"可能或可以……"的意思。

例 이 모자가 반품이 가능해요.
i mojaga panppumi kaneunghaeyo.
这帽子可以退换。

고추가루 넣지 말고 한국 요리가 가능할까요?
kochugaru neochi malgo hangung nyoriga kaneunghalggayo?
不放辣椒粉的韩国料理可以做吗?

2 A名词이/가 B名词보다 더 A比B更……

B名词后面加上助词"보다 더"成为被比较的对象,加上"이/가"的A名词就成了主词,也就是"A比B更……"的意思。

例 미미가 정이보다 더 큰데요.
mimiga jeongiboda teo kkeundeyo.
美美比静怡更高。

백화점보다 큰형 매장이 더 싸네요.
paekkwajeomboda kkeunhyeong maejangi teo ssaneyo.
比起百货公司,大型卖场更便宜!

哈韩女孩小笔记——

乐园中的主题餐厅

爱宝乐园里有许多主题餐厅。玩了一整个上午,午餐就在园内解决吧!这里有许多特色的异国小吃,也有令人垂涎三尺的地道韩式美食,你喜欢哪一种呢?

한우국밥 hanugukbbap 名 韩牛汤饭	산채비빔밥 sanchaebibimbbap 名 山菜拌饭	바비큐 pabikkyu 名 烤肉	쇠고기 국밥세트 soegogi gukbbapssetteu 名 牛肉汤饭套餐
기린 롱 소세지 핫도그 kirin rong soseji hatddogeu 名 长颈鹿香肠热狗		토마스 팝콘 ttomaseu ppapkkon 名 汤玛士爆米花	깐풍기 볶음밥 gganppunggi poggeumbap 名 干烹鸡炒饭
해물탕면 hamulttangmyeon 名 海鲜汤面	올리브 자장면 ollibeu jajangmyeon 名 橄榄炸酱面	광동식 과일 탕수육 kwangdongsik ggwail ttangsuyuk 名 广东水果糖醋肉	

Unit 3 搭动物园游园车看狮子

정류장 车站

미미 mimi
"사파리 투어" 버스는 어디에서 타야 되죠?
"sappari ttueo" beoseuneun eodieseo ttaya doejyo?
美美 请问野生动物园游园车要在哪里坐？

직원 jigwon
앞에 있는 정류장에서 줄을 서시고 기다리면 됩니다.
appe inneun jeongnyujangeseo jureul seosigo kidarimyeon doemnida.
职员 请到前方候车区排队等候即可。

투어버스 游览车

안내원 annaewon
지금 통과하는 지역은 "사파리 월드" 입니다. 다음에 통과하는 지역은 "로스트밸리" 입니다.
jigeum ttonggwahaneun jiyeogeun "sappari woldeu" imnida. taeume ttonggwahaneun jiyeogeun "roseutteubaelli" imnida.
服务员 现在首先要经过的区域是"野生动物园区"（Safari World），接着要经过的是"遗失的峡谷区"（Lost Valley）。

可替换：
지나가는 经过的
지나다니는 穿行的

안내원 annaewon
여러분 안전 유의하시고 머리와 손을 차 밖으로 내밀지 마십시오.
yeorobun anjeon yuihasigo meoriwa soneul cha baggeuro naemilji masipssio.
服务员 请大家注意安全，请不要将头、手伸出车外。

미미 mimi
"사파리 월드" 지나 다닐 때 동물한테 먹이를 줄 수 있나요?
"sappari woldeu" jina danil ddae tongmulhantte meogireul jul ssu innayo?
美美 经过"野生动物园区"时，可以喂食动物吗？

안내원 annaewon
안전 때문에 먹이를 주시면 안 됩니다.
anjeon ddaemune meogireul jusimyeon an doemnida.
服务员 因为考虑到安全，不开放喂食。

★温馨小提醒

前往"野生动物园区"一定要有耐心，因为要搭乘爱宝乐园特制的游园车，最快大概要等半小时。女孩们可以事先准备一些饮料和饼干，趁着空档来补充体力。上车后，尽量坐在靠窗的位子，就可以近距离看到狮子、老虎等大型野生动物！

这些单词一定要学会

정류장 jeongnyujang 名 公车站	줄을 서다 jureul seoda 动 排队	통과하다 ttonggwahada 动 通过、穿越、经过	
지역 jiyeok 名 地区	안전 anjeon 名 安全	유의하다 yuihada 动 留意、小心	머리 meori 名 头
손 son 名 手	내밀다 naemilda 动 伸、挺	동물원 tongmurwon 名 动物园	먹이 meogi 名 饲料

女孩们的韩文文法笔记

1 动词＋지 말다　不要……、别……

动词语干后面加上"지 말다"表示禁止听者的行为，也就是"不要……、别……"的意思。

例　깊은 밤에 위험하니까 나가지 말아요.
　　kippeun bame wiheomhanigga nagaji marayo.
　　深夜很危险，不要外出。

　　아이들한테 화가 나지 마십시오.
　　aideulhantte hwaga naji masipssio.
　　请别对小孩发脾气。

2 动词／形容词＋ㄹ／을 때　……时

动词或形容词有无收音加上"ㄹ／을 때"，表示一个状况或事情发生的时间。

例　여유가 많으실 때 우리 집에 놀러 오세요.
　　yeoyuga maneusil ddae uri jibe nollo oseyo.
　　空闲很多的时候，请来我家玩吧。

　　한국에 갈 때 공항에서 김수현을 보고 싶어요.
　　hanguge kal ddae konghangeseo kimsuhyeoneul bogo sippeoyo.
　　我去韩国时，想在机场看到金秀贤。

Unit 4 好想喂食动物!

10-04

제니퍼 jenippeo 珍妮弗	아저씨, 여기 동물이 예전보다 더 많아진 것 같습니다. ajeossi, yeogi dongmuri yejeonboda teo manajin geot ggatsseumnida. 先生，这边的动物好像比以前更多了。
안내원 annaewon 服务员	네, 맞습니다. 매년 새로운 동물이 늘어납니다. ne, matseumnida. maenyeon saeroun dongmuri neuronamnida. 是的，我们每年都会增加新动物。
미미 mimi 美美	동물 체험활동이 가능합니까? tongmul cheheomhwalddongi kaneunghamnigga? 我们可以跟动物互动吗?
안내원 annaewon 服务员	온순한 동물이 많이 있으니 직접 만지면서 먹이를 줄 수 있습니다. onsunhan dongmuri mani isseuni jikjjeom manjimyeonseo meogireul jul ssu itsseumnida. 有很多温驯动物，可以抚摸或喂食。
정이 jeongi 静怡	먹이는 어디서 팝니까? meogineun eodiseo ppamnigga? 饲料要去哪里买呢?
안내원 annaewon 服务员	앞에 먹이를 파는 가게가 있습니다. 먹이를 너무 많이 먹이지 마십시오. appe meogireul ppaneun gagega itsseumnida. meogireul neomu mani meogiji masipssio. 前面有专卖的商店。请不要过度喂食!
제니퍼、정이、미미 jenippeo、jeongi、mimi 珍妮弗、静怡、美美	네, 알겠습니다. ne, algetsseumnida. 好的，我们知道了。

★温馨小提醒 Tips

在韩国，如果要跟店员或服务人员对话，一般都用非格式体的口语即可。如果对方是四十岁以上的年长者，比如像司机先生或餐厅的阿姨，则可以用比较尊敬的格式体。客服人员比较喜欢讲格式体来表示对客人的尊敬。

这些单词一定要学会

아저씨 ajeossi 名 先生、大叔	예전 yejeon 名 以前	많아지다 manajida 动 增多	매년 maenyeon 名 每年
새롭다 saeropdda 形 新、新颖、崭新	늘어나다 neuronada 动 增加、扩大	체험활동 cheheomhwalddong 名 体验活动	온순하다 onsunhada 形 温驯、温顺
직접 jikjjeop 副 直接	만지다 manjida 动 抚摸	팔다 ppalda 动 卖	먹이다 meogida 动 喂食、养

女孩们的韩文文法笔记

1. 形容词＋아/어/여지다　变得……

形容词后面看语干元音为阳性音、阴性音或"하다"分别加上"아/어/여지다"，表示"变得、变成什么情形状态"的意思。

 제니퍼가 대학 시절보다 더 많이 예뻐졌네요.
jenippeoga daehak ssijeolboda teo mani yebbeojyeonneyo.
珍妮弗比大学时期变得更美了呢！

요즘 취업이 어려워진 것 같아요.
yojeum chwieobi eoryeowojin geot ggattayo.
最近找工作好像变得更难。

2. 动词/形容词＋(으)니…　因为……所以……

动词或形容词后面加上"(으)니"，与"(으)니까"的用法和意思相同。不过"(으)니까"的语气比较强烈；两者都表示前面的话是后面所说的依据、前提，有"因为……所以……"的意思。

 이 옷이 예쁘니 빨리 입어 봐.
i osi yebbeuni bballi ibeo bwa.
这件衣服很漂亮，赶快穿穿看吧！

언니의 전화번호를 잘 모르니 미미한테 물어 봐요.
eonnie jeonwabeonoreul jal moreuni mimihantte mureo bwayo.
我不知道姐姐的电话，你向美美问问看。

哈韩女孩小笔记——

令人大开眼界的动物世界

女孩们，在爱宝乐园是不是很开心呢？各种不同的动物，一定让你开了不少眼界。把下面这些单词都记起来吧！

플랜토피아 ppeullaenttoppia 名 植物乌托邦	보물섬 pomulseom 名 宝物岛	앵무새공연 aengusaegongyeon 名 鹦鹉表演	동물타기 tongmulttagi 名 骑动物
판타스틱 윙스 ppanttaseuttik wingseu 名 奇异的翅膀		애니멀 원더 월드 aenimeol wondeo woldeu 名 精彩的动物世界	
펭귄과 바다사자 ppenggwingwa badasaja 名 企鹅和海狮		맹수사 maengsusa 名 猛兽馆	북극곰사 pukggeukggomsa 名 北极熊馆
프렌들리 몽키밸리 ppeurendeulli mongkkibaelli 名 友善群岛猩猩乐园		캐나인 빌리지 kkaenain pilliji 名 爱犬乐园	야행관 yahaenggwan 名 夜行馆

女孩们的应急韩语 — 乐园篇

逛动物园

1 야간권은 몇 시부터 적용할 수 있을까요?
yagangwoneun myeot ssibutteo jeogyonghal ssu isseulggayo?
夜间券几点开始使用呢?
★야간권: 夜间券

2 야간 영업은 몇 시까지입니까?
yagan yeongeobeun myeot ssiggajiimnigga?
夜间营业是到几点呢?
★영업: 营业

3 일일 연합권은 에버랜드하고 캐리비안 베이에 모두 이용 가능한가요?
iril yeonhapggwoneun ebeoraendeuhago kkaeribian beie modu iyong ganeunghangayo?
一日联合券可以玩遍爱宝乐园和加勒比海湾吗?
★캐리비안 베이: 加勒比海湾

4 "사파리 투어" 버스는 따로 표를 사야 하나요?
"sappari ttueo" beoseuneun ddaro ppyoreul saya hanayo?
请问"野生动物世界"的游园车要另外买票吗?
★사파리 투어: 野生动物世界

5 이용권에 포함되어 있지만 입장권은 따로 표를 사야 돼요.
iyonggwone ppohamdoeeo itjjiman ipjjanggwoneun ddaro ppyoreul saya doeyo.
利用券虽已经包含在内,但是入场券是另外一定要买的。
★포함되다: 包含

6 유모차와 휠체어는 어디서 빌릴 수 있나요?
yumochawa hwilcheeoneun eodiseo pillil ssu innayo?
保姆车与轮椅是在哪里借呢?
★유모차: 保姆车 휠체어: 轮椅

7 동물원 안에도 식사할 곳이 있나요?
tongmurwon anedo sikssahal kosi innayo?
动物园内有用餐的地方吗?
★동물원: 动物园

8 "사파리 투어" 버스에 중국어 안내방송이 있나요?
"sappari ttueo" beoseue junggugeo annaebangsongi innayo?
"野生动物世界"游园车内有中文导游介绍吗?
★안내방송: 中文导游介绍

9 물개와 뽀뽀도 할 수 있나요?
mulggaewa bbobbodo hal ssu innayo?
我们可以亲亲海狮吗?
★물개: 海狮

10 동물 입양도 가능할까요? 어떤 동물도 입양이 되나요?
tongmul ibyangdo kaneunghalggayo? eoddeon dongmuldo ibyangi doenayo?
可以认养动物吗? 可认养什么样的动物呢?
★입양: 认养

Chapter 10

11 동물타기 체험은 조랑말과 다른 것도 있나요?
tongmulttagi cheheomeun jorangmalgwa tareun geotddo innayo?
骑动物体验也可以骑短腿马和其他动物吗？ ★조랑말：短腿马

12 동물타기 체험 시간은 어떻게 되나요?
tongmulttagi cheheom siganeun eoddeokke doenayo?
骑动物体验的时间是多久呢？ ★체험：体验

13 아기치타는 어느 나라에서 왔나요?
agichittaneun eoneun naraeseo wannayo?
请问小猎豹是从哪个国家来的？ ★아기치타：小猎豹

14 아기치타는 만져 보고 안아 볼 수도 있나요?
agichittaneun manjyeo bogo ana bol ssudo innayo?
小猎豹可以摸摸、抱抱看吗？ ★만져 보다：摸摸看

15 동물공연은 하루에 몇 번 있나요?
tongmulgongyeoneun harue myeot bbeon innayo?
动物表演一天有几场呢？ ★동물공연：动物表演

16 물개 퍼포먼스 시간은 오후 1(한) 시부터 5(다섯) 시까지 총 5(오) 회 맞아요?
mulggae ppeoppomeonseu siganeun ohu hansibutteo taseotssiggaji chong o hoe majayo?
海狮表演时间是从下午一点到五点为止，总共有五场对吗？ ★퍼포먼스：表演

17 "퀴즈 동물사랑단"의 참가자는 초등학생 한 명과 부모 중 한 명 같이 참가할까요?
"kkwijeudongmulsalangdan" e chamgajaneun chodeunghakssaeng han myeonggwa pumo jung han myeong gachi chamgahalggayo?
参加"动物猜谜爱的团体"的资格是一位小学生与父母中的一位一起吗？ ★초등학생：小学生

18 "캐나인 빌리지"는 주로 귀여운 강아지들을 모은 지역이에요.
"kkaenain pilliji" neun juro kwiyeoun gangajideureul moeun jiyeogieyo.
"爱犬乐园"主要是集合可爱小狗狗的区域。 ★강아지：小狗狗

19 펭귄과 바다 사자는 어디에서 데려 왔어요?
pengwingwa pada sajaneun eodieseo deryeo wasseoyo?
企鹅与海狮都是从哪里引进的呢？ ★펭귄：企鹅　바다 사자：海狮

逛游乐场

20 놀이공원은 하루면 전부 다 타 볼 수 있나요?
norigongwoneun harumyeon jeonbu da tta bol ssu innayo?
游乐园一天可以全部都玩遍吗？ ★놀이공원：游乐园

21 가능하지만 줄 서서 기다려야 하면 다 못 탈 수도 있어요.
kaneunghajiman jul seoseo kidaryeoya hameyon ta mot ttal ssudo isseoyo.
虽然可以一天玩遍，不过因为必须排队可能无法全玩。 ★가능하다：可以

22 에버랜드에서 꼭 타 봐야 하는 건 뭔가요?
ebeoraendeueseo ggok tta bwaya haneun geon mwongayo?
在爱宝乐园一定要骑的设施是什么呢？ ★타 봐야하다：一定要骑

23 "T 익스프레스"는 꼭 타 봐야 합니다.
"ti ikseuppeureseu" neun ggok tta bwaya hamnida.
一定要搭"木质过山车"（T Express）。 ★꼭：一定

24 "썬더폴스"는 몇 살부터 탈 수 있나요?
"sseondeoppolseu" neun myeot ssalbutteo ttal ssu innayo?
几岁以上儿童可以搭乘"雷霆瀑布"（Thunder Falls）呢？ ★썬더폴스：雷霆瀑布

25 110(백십) 센티미터 이상 어린이부터 탈 수 있어요.
paekssip senttimitteo isang eorinibutteo ttal ssu isseoyo.
只要满 110 厘米以上的儿童都可以搭乘。 ★어린이：儿童

26 "K-Pop 홀로그램"(K-POP Hologram)은 YG(와이지) 가수만 나와요?
"kkei ppap hollogeuraem" eun waiji gasuman nawayo?
"韩流全息演唱会"只有 YG 的歌手出来吗？ ★나오다：出来

27 "뽀로로 3D 어드벤처 (Pororo 3D Adventure)"는 안경을 쓰고 보나요?
"bbororo sseuridi eodeubencheo" neun angyeoneul sseugo bonayo?
"宝露露 3D 冒险"必须戴眼镜看吗？ ★안경：眼镜

28 임산부는 안전상 탑승을 제한하고 있습니다.
imsanbuneun anjeonsang ttapsseungeul jehanhago itsseumnida.
本游乐设施限制孕妇搭乘。 ★제한하다：限制

29 "라시언과 라이라"가 에버랜드 대표 캐릭터인가요?
"rasieongwa raira" ga ebeoraendeu daeppyo kkaerikteoinngayo?
"Laciun & Laila" 是爱宝乐园代表的个性娃娃吗? ★캐릭터: 个性娃娃

30 "레니와 라라"가 새로운 대표 캐릭터입니다.
"reniwa rara" ga saeroun daeppyo kkaerikteoimnida.
"Lenny & Lara" 是爱宝乐园新的个性娃娃。 ★새롭다: 新的

31 겨울에는 어떤 페스티벌이 있나요?
kyeoureuneun eoddeon ppeseuttibeori innayo?
冬天有什么庆典呢? ★페스티벌: 庆典

32 11(십일)월 6(육)일부터는 "크리스마스 판타지 축제"가 시작됩니다.
sibirwol yugilbutteoneun "kkeuriseumaseu ppanttaji chukjje" ga sijakddoemnida.
从十一月六日开始是"圣诞奇幻庆典"。 ★크리스마스: 圣诞节

33 "스페이스투어"는 3D(삼디) 영화인가요?
"seuppeiseuttueo" neun sseuridi yeonghwaingayo?
"太空船"(Space Tour) 是 3D 电影吗? ★영화: 电影

34 부모와 어린이들이 같이 "붕붕카"를 탈 수 있어요?
pumowa eorinideuri gachi "pungbungkka" reul ttal ssu isseoyo?
父母和小孩子可以一起乘坐"蹦蹦车"吗? ★붕붕카: 蹦蹦车

35 붕붕카를 타는 이용자의 키가 80(팔십) 센티부터 125(백이십오) 센티까지 제한이 있어요.
pungbungkkareul ttaneun iyongjae kkiga ppalsip senttibutteo paegisibosenttiggaji jehani isseoyo.
坐蹦蹦车的人身高有八十厘米到一百二十五厘米的限制。

36 범퍼카는 120(백이십) 센티 이상 어린이는 어른과 같이 탈 수 있습니다.
peomppeokkaneun paegisipsentti isang eorinineun eoreungwa gachi ttal ssu itsseumnida.
碰碰车是一百二十厘米以上的小孩与大人才可以一起乘坐。

37 고혈압이나 심장병 환자가 롤링 엑스 트레인 카를 탈 수 있을까요?
kohyeorabina simjangbyeong hawanjaga rolling eksseu tteurein kkareul ttal ssu isseulggayo?
高血压或者心脏病患者可以搭乘云霄飞车吗? ★심장병 환자: 心脏病患者

38 속도가 너무 빨라서 탈 수 없습니다.
sokddoga nemu bballaseo ttal ssu eopsseumnida.
速度太快不能搭乘。 ★속도: 速度

水上世界

39 파도풀에서는 반드시 **구명동의**를 입어야 하나요?
ppadoppureseoneun pandeusi kumyeongdongireul ibeoya hanayo?
在海湾中一定要穿上救生衣吗? ★**구명동의**：救生衣

40 **안전상** 구명동의를 입어야만 파도풀에 입장할 수 있습니다.
anjeonsang kumyeondongireulibeoyaman ppadoppure ipjjanghal ssu itsseumnida.
为了安全考虑，一定要穿好救生衣后才能进入海湾。 ★**안전상**：安全上

41 겨울에도 실외풀도 **운영하**나요?
kyouredo siroeppuldo unyeonghanayo?
冬天室外海湾也开放吗? ★**운영하다**：开放

42 겨울에는 **실내풀**만 운영합니다.
kyeoureuneun sillaeppulman unyeonghamnida.
冬天时只开放室内海湾。 ★**실내풀**：室内海湾

43 에버랜드와 캐리비만 베이를 모두 **이용하**려면 어떤 표를 사야 하나요?
ebeoraendeuwa kkaeribian beireul modu iyongharyeomyeon eoddeon ppyoreul saya hanayo?
想要玩遍爱宝乐园和加勒比海湾，应该要买什么样的票呢? ★**이용하다**：利用、使用

44 **연합권**을 사면 두 곳 모두를 **저렴하게** 이용할 수 있습니다.
yeonhapggwoneul samyeon tu gon modureul jeoryeomhage iyonghal ssu itsseumnida.
如果购买联合券就可以同时超值享受游玩两个地方。 ★**연합권**：联合券　**저렴하게**：廉价地

45 캐리비만 베이는 몇 시부터 **입장할** 수 있나요?
kkaereobian beineun myeot ssibutteo ipjjanghal ssu innayo?
加勒比海湾是几点开始入场呢? ★**입장하다**：入场

46 **실내실외** 모두 8(여덟) 시 30(삼십) 분부터 입장 가능합니다.
sillaesiroe modu yeodeolssi samsipbbunbutteo ipjjang ganeunghamnida.
室内室外全部都从八点三十分开放入场。 ★**실내실외**：室内室外

47 **베이코인**은 카드로도 살 수 있나요?
peikoineun kkadeurodo sal ssu innayo?
海湾币也可用信用卡买吗? ★**베이코인**：海湾币

48 수영복과 수영모는 어디서 **빌릴** 수 있나요?
suyeongbokggwa suyeongmoneun eodiseo pillil ssu innayo?
泳衣与泳帽在哪里可以租呢? ★**수영복**：泳衣　**빌리다**：借

49 "가족사우나"는 **추가요금**이 있나요?
"kachokssauna" neun chugayogeumi innayo?
"全家洗浴室"要另外追加付费吗? ★추가요금: 追加付费

50 추가요금을 지불하면 **독점 이용**하실 수 있습니다.
chugayogeumeul jibulhamyeon tokjjeom iyonghasil ssu itsseumnida.
追加付费的话，可以单独使用一间。 ★독점이용: 单独使用

51 물건은 어디에 보관할 수 있나요? **코인락카**에 보관할 수 있습니다.
murgeoneun eodie pogwanhal ssu innayo? kkoinrakkkae bogwanhal ssu itsseumnida.
东西要在哪里寄放呢? 可以放在投币置物柜。 ★코인락카: 投币置物柜

52 **할인 방법**은 어떤 게 있나요?
harin bangbeobeun eoddeon ge innayo?
有哪些优惠方法呢? ★할인방법: 优惠方法

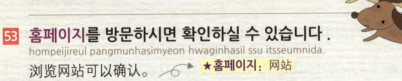

53 **홈페이지**를 방문하시면 확인하실 수 있습니다.
hompeijireul pangmunhasimyeon hwaginhasil ssu itsseumnida.
浏览网站可以确认。 ★홈페이지: 网站

54 캐리비안 베이에서 **음식**을 먹으면 안 됩니다.
kkaeribian beieseo eumsigeul meogeumyeon an doemnida.
在加勒比海湾是不能饮食的。 ★음식: 饮食

55 여성분들은 캐리비안 베이에서 **귀걸이**, 반지, 머리띠 등의 **액세서리** 쓰면 안 됩니다.
yeonseongbundeureun kkaeribian baeiseo kwigeri, panji, meoriddi deunge aeksseseori sseumyeon an doemnida.
女性们在加勒比海湾不可以戴耳环、戒指、发带等饰品。
★귀걸이: 耳环
액세서리: 饰品

56 어린 친구들이 **장난감**을 여기에 가져갈 수 없습니다.
eorin chingudeuri jangnangameul yeogie kajyeogal ssu eopsseumnida.
小朋友们不能带玩具来这里。 ★장난감: 玩具

57 어린이들하고 **노인**들도 캐리비안 베이에 갈 수 있어요?
eorinideulhago noindeuldo kkaeribian beie kal ssu isseoyo?
幼童们与老人们也可以来加勒比海湾吗? ★노인들: 老人家们

番外篇

哈韩女孩一定要知道的事

Unit 1 中韩文化大不同！

中国与韩国有许多看似相像的文化习俗。不过，只要在韩国生活一段时间，就会发现，韩国人的许多日常生活习惯与我们大不相同。学韩语的女孩们也要注意，不要因为未能"入境随俗"而做出失礼的行为。了解韩国人的风俗习惯，可以帮助我们和韩国朋友更亲近、更交心！以下特别列举十项中韩文化习俗的差异。

中国人
吃饭捧碗。
韩国人
不捧碗吃饭。

1 虽然中韩都是以米饭为主食，吃饭都会用碗筷，不过方法却不同。中国人吃饭时会捧起碗来用餐，否则会被认为不礼貌。韩国人则完全相反，吃饭时绝对不可以将碗拿起，而是将碗放在桌上，如果捧起碗吃饭会被认为不规矩，嘴更不能碰到碗。

中国人
用筷子吃饭、汤匙喝汤。
韩国人
用汤匙吃饭、喝汤，用筷子夹菜。

2 中国人吃饭习惯用筷子夹菜、夹饭，喝汤时如果没有汤匙，就直接端起碗喝。韩国人吃饭时，一定是先用汤匙喝汤，再将汤匙放下，用筷子夹菜，然后放下筷子，再用汤匙吃饭。

 中韩文化大不同

中国人
给长辈敬酒时,得面对面敬酒。
韩国人
则要虚心地侧身敬酒。

❸ 中国人给长辈或上级敬酒时,一定要恭敬地双手拿着酒杯,看着长辈敬酒。韩国人敬酒时,一定是长辈与上级先喝后,晚辈或下属再侧身喝,表示对长辈或上级的尊敬。此外,中国人习惯在酒还没喝完时,就帮对方斟酒;韩国人一定要等到对方杯子见底后,才可为其斟酒。(以右手拿酒瓶,左手扶着衣袖。)

中国人
喝酒喜欢各自拿着酒杯敬来敬去。
韩国人
则是等长辈或上级把杯子递给你喝再回敬。

❹ 韩国人爱喝酒众所皆知,饮酒中许多细节都得特别注意才行。中国人喝酒时都会各自拿起酒杯互相敬来敬去,韩国人也差不多,不过喝烧酒时,韩国长辈或上级有时会把他喝完的酒杯递给你,你就必须恭敬地拿着酒杯,由他为你斟酒,然后一饮而尽表示回敬后,再将酒杯还给他。

中国人
聚餐吃饭用"公共筷匙"。
韩国人
比较喜欢"共食"。

❺ 中国人如果一起点餐吃饭,大多是自己吃自己的东西,或是拿公共筷子匙子放在餐盘旁边,大家一起吃。韩国人则喜欢共食,注意"共食"并不是一起吃饭的意思,而是各自点了拌饭、部队锅、豆腐锅、冷面等菜肴后,分别拿着自己的汤匙和筷子,"共享"美食。

中国人
握手时，用一只手或两只手握住对方的手。
韩国人
握手时，左手托着右手，用一只手握。

❻ 中国人一般握手时，都会伸出右手或两只手同时握住对方，目视对方微笑并摇晃手表示礼貌。韩国人握手时，一定会先伸出右手，不过左手同时也会扶着右手手肘下方，也有的人会将左手放在胸部下方，以表示礼貌。

中国人
乔迁送大礼。
韩国人
乔迁送卫生纸、洗衣粉就好了。

❼ 中国人的乔迁之喜，亲朋好友都会送一些小型家具甚至琉璃、水晶之类的装饰品。韩国人则习惯送上卷筒卫生纸、洗衣粉等家用品，由于价格便宜，所以一次送的量非常多，几乎一年也用不完。据说，这是希望对方的好运像卷筒卫生纸一样源源不断，财运也能跟洗衣粉的泡沫一样多到爆。

中国人
过年、喜事送红包。
韩国人
过年、喜事送白包。

❽ 中国人喜欢红色，每逢过年或碰到喜事时，都习惯送上红包，不管里面装多少钱，只要看到红色就很吉利。韩国民族喜欢洁净、高雅的白色由来已久，还有"白衣民族"之称，因此礼金一定是装在白色的封套中，送给别人表示祝贺之意。

中国人
习惯各付各的。
韩国人
习惯由职位最高、年纪最大的男性买单。

❾ 中国人一起在外用餐，各付各的不足为奇。韩国人一起吃饭或唱KTV、喝酒时，如果是和公司同事一起，一定会由职位最高的上司来买单；如果是兄弟姐妹或学长学姐、学弟学妹一同聚餐，多半由年纪大的人买单；男女朋友在外消费时，多由男性买单。

中国人
点餐吃不完打包是常事。
韩国人
吃不完不习惯打包。

❿ 中国人很习惯打包，不论是在餐厅或路边摊，几乎都可要求店家打包。韩国人除了叫外卖之外，不习惯到店打包，最多也是紫菜饭卷、炒年糕、黑轮鱼板、炸物等路边摊小吃可以打包，一般到餐厅想打包豆腐锅、泡菜锅都很难。只有少数比较高级的料理（如生鱼片等），店家才提供打包服务。

MEMO

Unit 2 搭讪与被搭讪

韩国帅哥大多都比较腼腆，如果走在街上看到帅哥想要跟他们搭讪，最好的方式就是上前问路，并且表示想跟他合照。许多外国人来到韩国总是喜欢东拍拍、西拍拍，用摄影来记录旅行中的人、事、物。

因此，千万不要觉得不好意思，可以主动一点，**先上前表明自己是外国人想要问路，然后再以"一起合照"来当借口，拉近彼此的距离**。说不定可以因此和韩国帅哥交朋友，不但能练习韩语会话，以后到韩国还可以请他当向导，一起出游！

相反的，如果在公共场所被韩国帅哥搭讪，就要小心点！千万不要被对方帅气的外表迷倒。如果彼此不是很熟，最好不要单独跟他出去，找些同伴同行比较安全。韩国人第一次见面时，很喜欢问对方的家庭背景，例如"父母在做什么？"之类的，好像在做家庭情况调查一样，很多中国女孩一定会觉得不习惯。如果你觉得对方还不错，可以如实回答，并问他相同的问题。如果你对他没有兴趣，或者觉得彼此不太可能交朋友，就不用太认真回答这些问题！

另外，如果在啤酒屋遇到喝醉的男生跑来邀酒，动手动脚的，千万不要猛然地把对方的手用力"甩开"，因为这样很可能会激怒对方，让双方发生更大的冲突。我们可以**轻轻地将他的手"拿开"**，记得是用"拿"的！然后回绝他说"抱歉！时间太晚了，我们要赶回旅馆了。"这种"**以柔制刚**"的方法，对许多韩国男生都是有用的。

Unit 3 代购做点小生意

近来越来越多人到韩国旅行时，都想在东大门等地方买些东西顺便代购一些货，带回中国在网络上售卖。当然眼光一定要准确，还有如何杀价也非常重要。不过也要衡量自己的行李箱可以装得下多少东西，会不会买买买之后，行李箱超重要向航空公司交纳高昂的超重费。行李超重费很高，如果加上货品的本钱，是绝对赚不回来的，因此如何精打细算相当重要！别忘了看看自己的行李箱，扣除换洗衣物和必买用品之外，还可以塞多重的东西。

如果看上利润高又容易卖的商品，真的决定要买回中国出售，但行李重量却可能超重，可以考虑在韩国当地寄 EMS（国际快递），不过如果只有三五公斤的话，运费是相当贵的。要是东西寄得多、公斤数多，平均起来才比较划算，自己也不用辛苦地拖着行李。

除了邮局的 EMS 国际快递服务之外，在首尔明洞中国大使馆正门口往中央邮局的那条路上，有几家历史悠久的民营快递公司，早在三四十年前 DHL、EMS 还不是很盛行时，这里整条街道几乎都是民营快递公司，一度成为有名的"包装街"，不过现在因为竞争激烈的关系而凋零许多。这些店家大多数为华侨经营，所以沟通上不会有太大的问题，他们可提供包装与邮寄等全方位服务，如果懒得装箱打包，也可以拿来这里寄送！

Unit 4 紧急状况的应对用语

韩国人大部分都很友善，但女孩们来到韩国，万一碰到色狼、小偷、抢匪等坏人或是喝醉酒的人，要特别小心处理！该怎么样向旁人求救或是引起大家注意呢？

살려 주세요.
sallyeo juseyo.
向路人求救！
请救救我。

저리 꺼져.
jeori ggeojyeo.
非敬语，斥喝歹徒离开！
滚远一点。

야！도둑이야.
ya! todugiya.
非敬语，对坏人不需用敬语
啊！有小偷啊！

야！변태야.
ya! pyeonttaeya.
非敬语
啊！有变态啊！

왜 이래요？하지 마세요.
wae iraeyo. haji maseyo.
你为什么这样？请不要这样。
敬语，先用敬语劝阻

여기요. 도와 주세요.
yeogiyo. towa juseyo.
向路人求救！
这里啊！请帮我。

여기 변태 있어요. 도와 주세요.
yeogi pyeonttae isseoyo. towajuseyo.
这里有变态，请来帮我啊！
敬语，向路人求救

건들지 마세요.
keondeulji maseyo.
敬语，先用敬语劝阻
请不要碰我。

이 나쁜 놈아, 경찰 부른다. 조심해.
i nabbeun noma, kyeongchal pureunda. josimhae.
你这坏人，我要叫警察。给我小心点。
非敬语，对坏人不需客气

건들지 마.
keondeulji ma.
非敬语
不要碰我。

版权专有 侵权必究

图书在版编目（CIP）数据

女孩们的韩语课 / 翁家祥著 .—北京：北京理工大学出版社，2019.6
ISBN 978-7-5682-7210-0

Ⅰ.①女… Ⅱ.①翁… Ⅲ.①朝鲜语—自学参考资料 Ⅳ.①H55

中国版本图书馆CIP数据核字（2019）第131319号

北京市版权局著作权合同登记号图字：01-2017-2133
简体中文版由我识出版社有限公司授权出版发行
女孩们的韩文课，翁家祥著，2015年，初版
ISBN：9789864070190

出版发行 /	北京理工大学出版社有限责任公司
社　　址 /	北京市海淀区中关村南大街5号
邮　　编 /	100081
电　　话 /	（010）68914775（总编室）
	（010）82562903（教材售后服务热线）
	（010）68948351（其他图书服务热线）
网　　址 /	http://www.bitpress.com.cn
经　　销 /	全国各地新华书店
印　　刷 /	河北鸿祥信彩印刷有限公司
开　　本 /	787毫米×1092毫米　1/16
印　　张 /	14
字　　数 /	201千字
版　　次 /	2019年6月第1版　2019年6月第1次印刷
定　　价 /	62.00元

责任编辑 / 武丽娟
文案编辑 / 武丽娟
责任校对 / 刘亚男
责任印制 / 李志强

图书出现印装质量问题，请拨打售后服务热线，本社负责调换